今から はじめる！ インクルーシブ 保育

監修・太田俊己

はじめに

どの園にも配慮が必要な子が増えている今、保育に悩む声が多く聞かれます。障害、外国とのつながり、家庭の問題など……。インクルーシブ保育は、こうした配慮を必要とする子も含む多様な子どもたち全員が参加し、満足し、育ち合うことを目指す保育です。

障害のある子には、必要な配慮や支援を「合理的配慮」として行います。発達支援と同じ個別援助も行います。ただその前に、障害のある子もほかの子たちと同等に参加し活躍できる、その子を前提とする活動を工夫します。不利な立場に置かれがちな子が、口には出さなくても希望する、ほかの子たちと「一緒に・ともに」の願いを優先したいからです。インクルーシブ保育は、今、国際標準の動きであるインクルーシブな（多様さを公平に包み込む）社会への流れ——その初期を担う保育でもあります。

もくじ

第1章 インクルーシブな 日常の保育とは

障害の「ある」「なし」でなく、すべての子どものための

インクルーシブ保育とは？

障害のある子、一般的な育ちの子の区別なく、一人ひとりの個性を大切にし、
ともに育ち合うことを目指すインクルーシブ保育。
9園の日常の姿から、インクルーシブな保育が
大事にするとよい点や、基本的な考え方についてご紹介します。

インクルーシブ保育とは？

インクルーシブ保育は、障害のある子の支援を目的にした保育と捉えられることもありますが、そうではありません。障害の有無に関係なくその子らしさを尊重し、どの子も主体的に園生活を送れるように、一人ひとりを大切にする保育なのです。それは、保育所保育指針や幼稚園教育要領などで語られる「一人ひとりの発達の特性に応じた保育」と重なります。

インクルーシブ保育は、障害のある子もない子も一緒に保育する点で「統合保育」と似ていますが、基本の視点が異なります。「統合保育」では、障害のある子を一般的な育ちの子向けに行われている保育に入れよう（統合）とします。障害のある・なしも含み多様な子がいることを前提に保育を考え、進めるインクルーシブ保育とは、アプローチの視点が違うのです。

今、子どもたちの求める保育を実現するには？

いわゆる「気になる子」「配慮を必要とする子」は増え、集団の場で見せる子どもたちの姿や個性も以前と違ってきているようです。結果として今、幅のある多様な子どもたちを前に保育せざるをえない状況が増しています。子どもたちの多様化です。

インクルーシブ保育は、病気や障害のある子をはじめ、外国とのつながり、貧困などの家庭の事情のほか、様々な背景を持つ子ども一人ひとりの求めにも応えつつ、保育ならではのあそびやグループ活動、園の生活で工夫を凝らし、子どもたちがかかわり、育ち合い、全員が成長できるように努める保育です。

保育者自身の育ちにも

インクルーシブ保育は、いろいろな子どもを受け入れて保育を展開する懐の深い保育です。しかし実践するには、子ども目線で幅広く保育を見直すことも必要になるので、ほかの保育者の保育観や、子どもに対する見方の違いに気づかされるはずです。どの子も認め合う保育は、保育者同士の認め合いも促します。インクルーシブな保育の過程は、保育者自身の成長も生み出すのです。

「同じ」でなくていい集団活動

1

活動の切り替えは一斉でなくていい

クラスなどでの一斉活動への切り替えが苦手な子どもたちもいます。必ずしも切り替えは全員一斉でなくてもかまいません。少人数での活動も大切にしながら、ゆるやかな時間の中で集団活動へと誘います。（葛飾こどもの園幼稚園／東京都）

ある日の食事前後の時間

予定をみんなで話し合う

「今日はどっちで食べる？」。クラス内の少人数グループで、昼食を室内で食べるか、テラスで食べるか話し合います。昼食前後の予定も保育者とともに相談します。

リレーでエネルギー発散！

落ち着いて食事ができるように、有り余っているエネルギーの発散を兼ね、園庭を広く使ってリレーを。

静かに食事に集中して

一列に並んでお弁当を開き、「いただきま〜す！」。コロナ禍では、食事は静かに食べるのがお約束に。保育者も見守りながら一緒に食事します。

集団での活動に参加を

食後はクラス活動などに合流。その活動前にひとりの保育者とともに周辺クラスから集まった数人と行う製作や、鬼ごっこなどの活動をくり返していると、クラス、年齢別活動にも、主体的に自分から参加するようになります。

「同じ」でなくていい集団活動

2

クラスの枠にとらわれない柔軟な対応を大切に

自由活動の際に、クラスの違う子同士があそぶことも珍しくありません。あそびのキリが悪いときに強制的にそれぞれのクラスに戻すのではなく、あそびのおしまいをどうするかを子どもが一緒に考えます。（関東学院六浦こども園／神奈川県）

ある日の自由活動後

あそび仲間がクラスの枠を超えて

気の合う友だちが必ずしも、同じ学年やクラスでない場合も。クラス活動の時間になっても、今のあそびをもっと続けたいと思う子どももいます。

フリー保育者とクラス活動の様子を見に

「みんなは何をしているのかな？」。クラスの様子を見に行き、活動に合流するか否か、子どもの気持ちを確かめます。

「給食までに戻れる?」

担任が子どもの意向を尋ね、どうするのかの話し合いを。クラスには戻らず、フリー保育者が給食時間まで見守ることにしました。

クラスの空気を感じる場所で給食タイム

なかよしの友だちと、二人の世界をまだ楽しみたくて……。給食はクラスの様子を確かめつつ、少し離れた場所で「いただきま〜す！」。

「集団」と「個」を見る 1

ひとりの時間を尊重しつつ友だちとのかかわりも大切に

鉄棒に夢中になりだした頃から、友だちとあそぶことが少なくなってきたHちゃん。友だちとのかかわりからも様々な体験をしてほしいと、ある日、保育者たちが鉄棒のそばに舞台を作りました。（愛隣幼稚園／千葉県）

ひとりあそびが好きなHちゃん

自由あそびの時間は、ひとりで黙々と鉄棒を

以前は、保育室で友だちと一緒にあそぶ姿も見られましたが、鉄棒であそぶ楽しさを知ってからは、いつもひとりで鉄棒の技を磨く日々に。

クラスの子が隣であそび始めても、自分の世界に没頭

クラスの子たちが寄ってきて、Hちゃんの脇で真似をし始めますが、Hちゃんはかかわることなく、そっぽを向いて休憩してしまいます。

なんだか、じゃまだな～

鉄棒の前に舞台が。あれっ？　何か始まる？

みんな何をしているのかな

自分たちの好きなことを発表するという試みが、年長クラスでなされることに。Hちゃんも自然とそれに参加できるようにと保育者たちが策を練り、鉄棒前に舞台を作りました。

みんなが見ている前で、得意の技を披露！

舞台で好きなことを披露する子はもちろん、鉄棒の技を発表する子も。その子たちに続き、保育者が促してHちゃんの番に。小学生顔負けのスゴ技に、客席の子どもたちから拍手喝采が。誇らしげな笑顔を見せたHちゃんでした。

あれ？　拍手してるみたい

「集団」と「個」を見る 2

園のどこにいても安心できる居心地のよさを

年度の途中で保育園から転園してきた3歳のSくん。なかなかクラスに溶け込めず、最初は戸惑っていましたが、少しずつ保育者には心を開くように。徐々に園生活に慣れ、笑顔も増えてきました。（愛隣幼稚園／千葉県）

転園してきた3歳のSくん

約束していたみかん狩りで大満足

これも取って
いいんだね？

以前自由あそびの時間に、園庭のみかんを「どうしても今すぐもぎ取りたい」と言ったSくん。「今度みんなでみかん狩りをしよう」と保育者が提案。我慢して、ずっとこの日を待っていました。

ひとりで落ち着ける応接室で大好きなパズルを

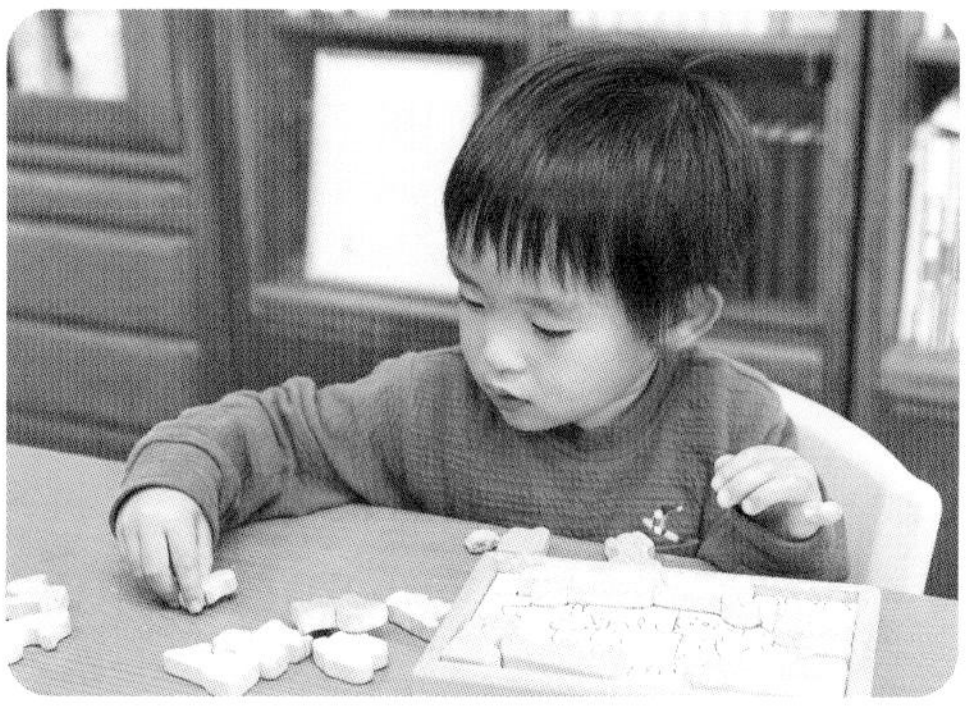

クラス活動の時間でも、Sくんがほかのことをしてあそびたいときは、今はまだ無理に活動への参加を促さず、好きなあそびを優先。「園は楽しいところだ」と思えるよう、主体的なあそびを大切にします。

おやすみちゅうです

約束ごとは絵カードで！

耳からの情報より、目からの情報の方が理解がはやく、納得しやすいSくん。パズルのある応接室が使えない際は「おやすみカード」が掲げられます。

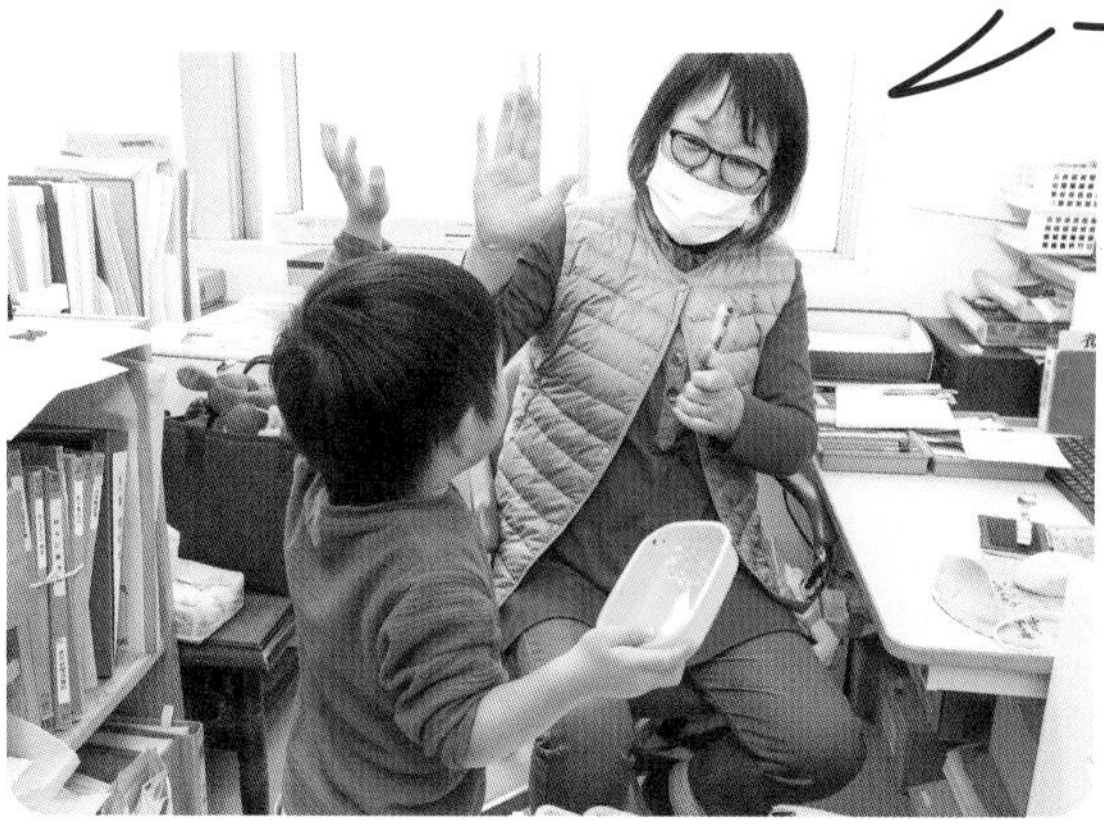
やったぁ〜、
全部食べたね

空っぽになったお弁当箱を、見せて回るのが日課に

クラスの友だちより、自分の話を聞いてくれる大人とのかかわりを好むSくん。空のお弁当箱を園中の職員に見せて回り、完食したことをほめてもらいます。

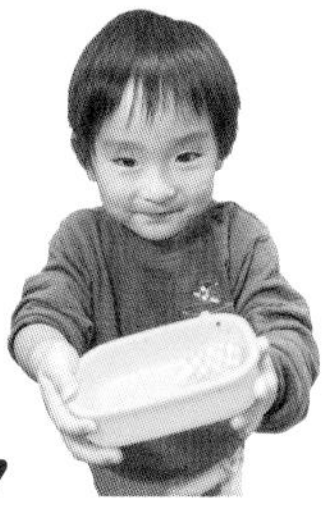
空っぽ〜、
見て見て〜！

年長さんのパフォーマンスをみんなと一緒に楽しんで

昼食後、園庭で楽しそうなことが始まり、Sくんも友だちと並んで舞台鑑賞を。「面白いね〜」と楽しさを友だちと共有し、手をつなぐ場面も見られました。

「集団」と「個」を見る

3

「好き」を楽しむ姿に ほかの子も興味を持って

ほかの子とあそぶことよりも、自分の興味のあるあそびに没頭するのを好む子もいます。無理に集団に誘わなくても、集団がその子に寄り添うことも。子どもたちは楽しいことに敏感です。（上：相模女子大学幼稚部／神奈川県、下：植草学園大学附属美浜幼稚園／千葉県）

ある日の自由あそびの時間

水がきらきら
してきれい！

大好きな水あそびに夢中。徐々に友だちが加わって

流れる水や水たまりなど、水に興味のあるＩくん。自由あそびの時間は、いつもひとりで水あそびをしていましたが、その楽しそうな様子に刺激されたのか、時々ほかの子たちも一緒にあそぶように。

遠足中のワンシーン

エレベーターに興味津々！みんなも一緒に乗ることに

エレベーターに大好きな数字が点灯していることに気づいたＯくん。「あれに乗りたい！」とエレベーターへ。ひとりだけを特別扱いせず、エレベーターに興味を持ったほかの子も、一緒に乗りました。

数字がいっぱい
あって楽しそう！

主体性の尊重 1
「決める」のは子どもの意思で

あそびや活動などをどうするのか、保育者が決めて子どもに従わせるのではなく、何がしたいのか、どうしたいのかを決めるのは子どもというスタンスで保育を行います。（上：葛飾こどもの園幼稚園／東京都、中・下：相模女子大学幼稚部／神奈川県）

ある日の自由あそびの時間

主体的な自由あそびを見守って

自発的に集まった子どもたちで、発表会の歌の練習が始まりました。保育者は子どもの意思を尊重して見守りつつ、ときには手助けをします。

任意参加の活動の時間

Happy English Time! 参加するか否かは子どもが決定を

ネイティブの講師が来園して行われる英会話のアクティビティー。朝、活動案内が園内放送で流れますが、参加するかどうかはその日の子どもの気持ち次第。夢中になっているあそびがあれば、それを優先してもOKです。

作品展前の自由活動の時間

何をいつ作るのか？ すべては自主性に任せて

作品展のために何を作るのかは、子どもの思いに任せます。製作に費やす時間も期間も、それぞれに。中には友だちと共同で作る子も。保育者はアドバイスはしますが、それ以上のことはしません。

主体性の尊重 2

子どもの育つ力を信じ過剰にならない支援を

子どもが主体的にあそぶために、危険から身を守る術を教えることは重要です。また、困ったときに自分で考えたり、ネガティブな感情と折り合いをつけたりする機会を奪わないように、子どもの育ちを見守ることも大切にしています。（自然育児 森のわらべ多治見園／岐阜県）

毎日の森での活動中に

蜂がいたら身を低くして待つ！

森で生き生きとあそぶためにリスク回避も身につけて

行動を規制されることなく、子どもが主体的にあそぶためには、危険から自分の身を守る術を習得することが大切。「まむしに出合ったら？」「蜂の群れがいたら？」など、時々、子どもたちに問いかけて、シミュレーションを行います。

マムシに注意《ちゅうい》!

触ると痒くて痛くなるよ！

森での危険を、くり返し目で見て学ぶ

「百聞は一見にしかず」で、実物を見せて教えた方がよいことも。この日は、触るとかぶれる可能性の高い、うるしの木の見分け方を園長が詳しく解説。真剣な話しぶりに、子どもたちもしっかり耳を傾けます。

大丈夫、僕がいるからね！

試練を乗り越え中。あえて声をかけずに

保護者と離れるのが嫌で泣いていた年少組の弟と手をつなぎ、一緒に泣きたい気持ちをこらえる年長組の兄。自分たちで気持ちを切り替えようとしているため、保育者はあえて声をかけません。どうしても困った際に手を差し伸べます。

兄ちゃんがいるから大丈夫

専門機関の支援も受けて

療育の専門機関への相談や連携を積極的に

病気や障害がある子へは、園内だけで支援を考えるのではなく、外部の療育の専門家から助言を受けることも、保育の質を高めるために必要となります。子どもが通う外部機関の支援スタッフとの連携も大切です。（上：にじのうた保育園／京都府、下：愛隣幼稚園／千葉県）

食事の時間に

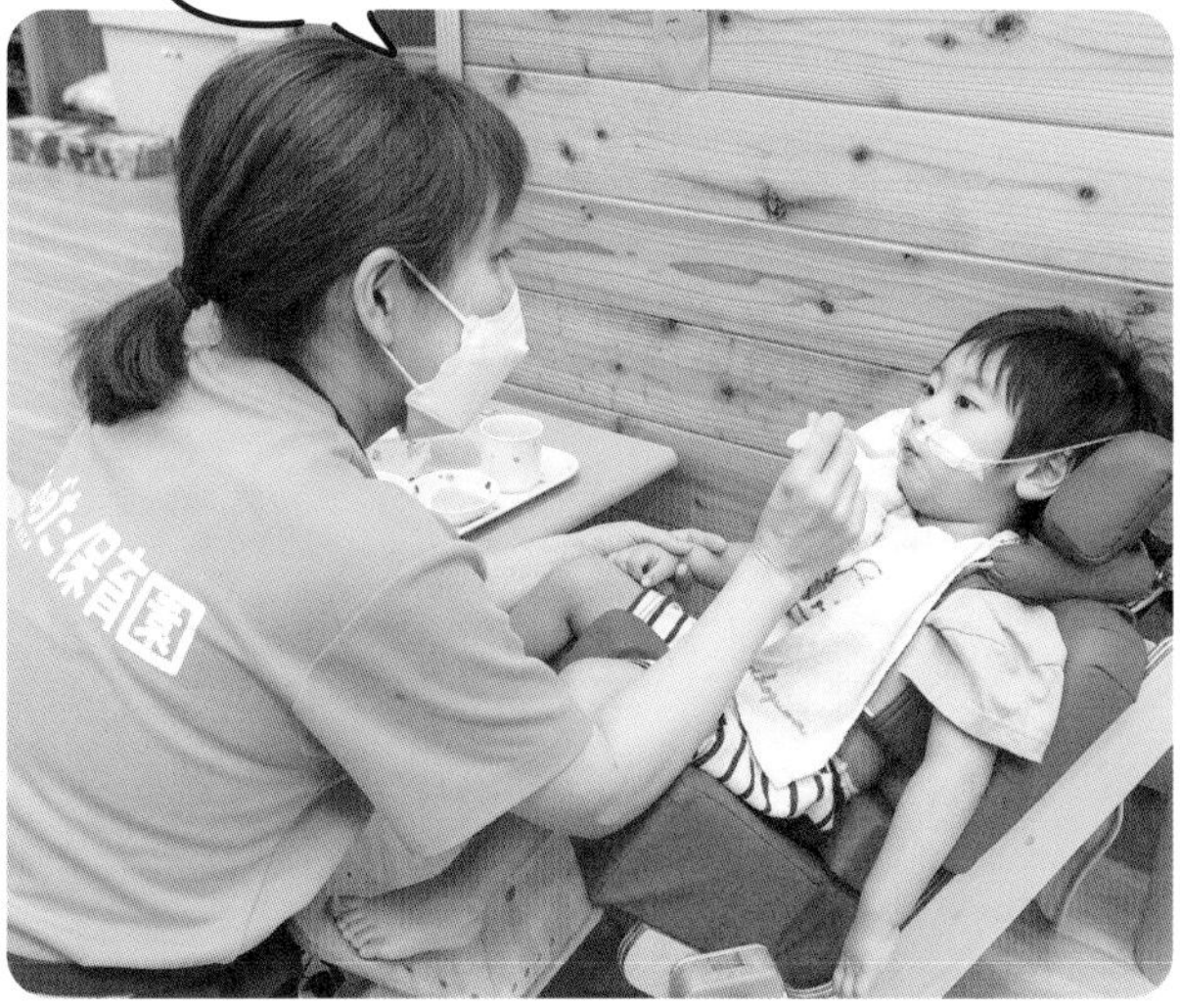

咀嚼《そしゃく》力をつけるため、食事に時間をかけて

経鼻管をつけている子も鼻からの流動食だけではなく、口からもしっかり食べられるようになるために、時間をかけて練習を。スプーンの当て方も、食べ物を唇と舌で取り込みやすいように、専門家からの助言に従ったやり方にします。

姿勢よく座れるように、補助具を手作りで

体がまだ小さいと、園の椅子が体に合わず、落ち着いて食事ができないということも。療育指導を受けて、手作りの補助具を作製。姿勢を保てるようになり、長い時間でも座っていられるようになりました。

訪問支援の場で

訪問支援の事業所スタッフとも、情報交換を

児童発達支援事業所を利用している在園児への支援として、スタッフが園を訪問。担任や園長と、子どもの課題やその達成度、園や事業所での様子について情報交換をします。

外国につながる子どもも保護者も

1

ルーツの多様性を認め合い、誰もが安心できる環境に

外国籍の子どもと保護者も居心地のよさを感じられる工夫や配慮を。伝えたい情報をひらがなにしたり、子どものルーツとなる国をほかの子や保護者に紹介したり。多様な人々が安心して共存できる環境をつくっています。（桜本保育園／神奈川県）

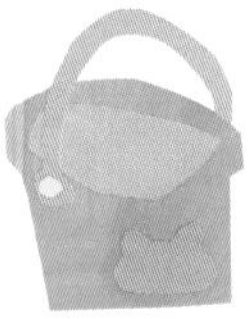

日常保育のあらゆるシーンで

写真なら言語に関係なくわかりやすい

子どもが給食で何を食べているのか、できあがりの状態だけでなく、使用した食材の写真を調理室のドアに貼って紹介を。これなら誰にも一目瞭然です。

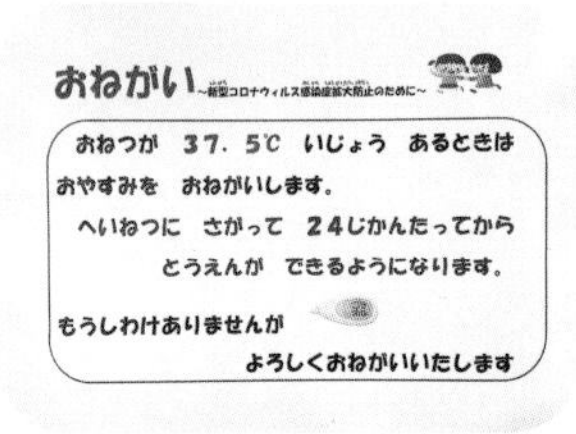

おねがい～新型《しんがた》コロナウィルス感染症拡大防止《かんせんしょうかくだいぼうし》のために～

おねつが　37．5℃　いじょう　あるときは
おやすみを　おねがいします。
へいねつに　さがって　24じかんたってから
とうえんが　できるようになります。
もうしわけありませんが
よろしくおねがいいたします

読んでもらいたい案内は、ひらがなで

どの保護者にも必ず読んでもらいたい大切な内容のお知らせは、なるべく簡単な日本語を用い、ひらがなだけで表記。見やすい位置に掲示します。

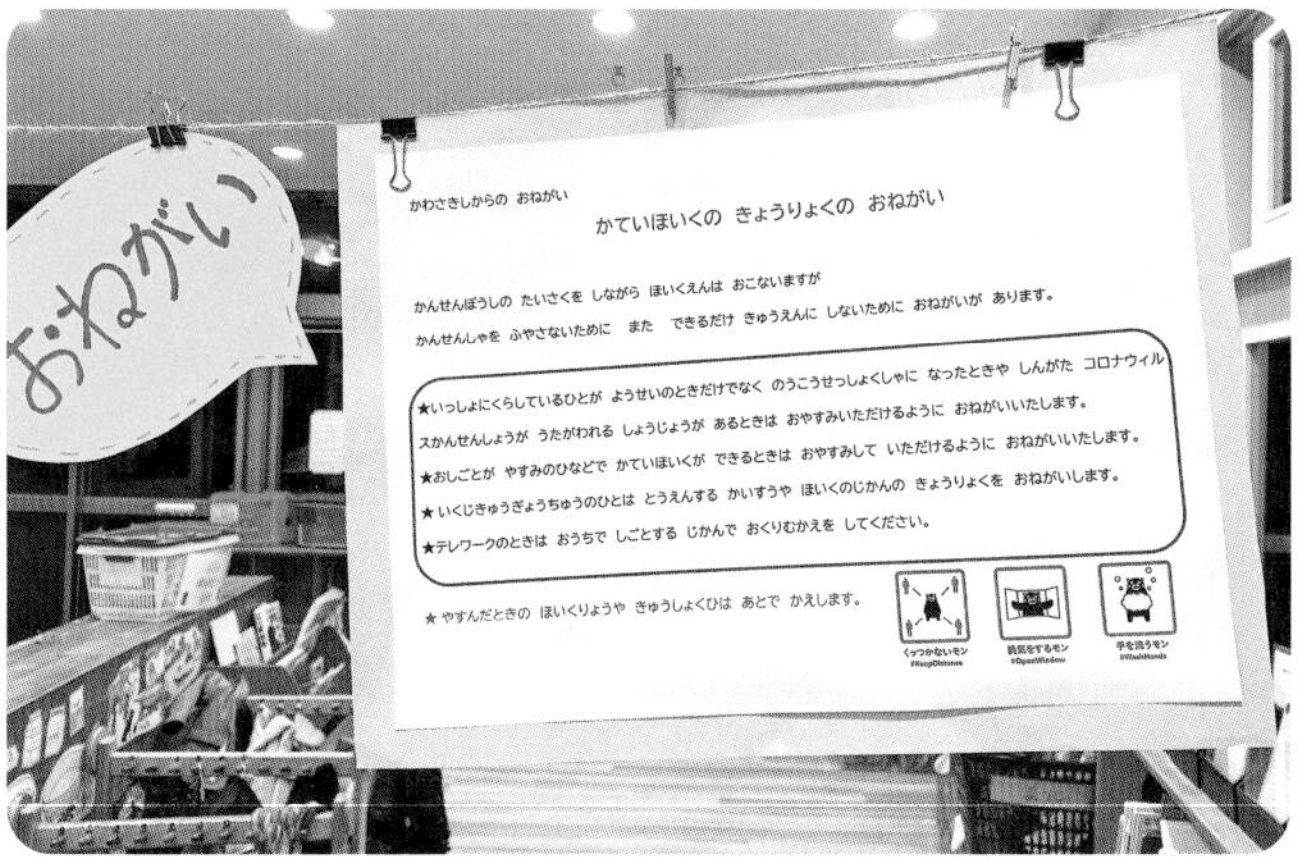

みんな違うよね？あたりまえと意識できるように

「○○ちゃんの肌の色はどれ？」。世界各地の子どもの肌の色を集めた色鉛筆を取り寄せ、日常的に使えるように。肌の色に違いがあることを当然と感じられるようになります。

在園児のルーツとなる国を紹介する絵本の展示

在園する子どものルーツとなる国を紹介する絵本は、誰もが手に取りやすい場所に。様々な国に自分とは違う民族がいることを、幼い頃から自然と学べます。

誕生日のお祝いも各国のことばで

誕生日には、主役の子が話す国のことばでお祝いを。朝の挨拶や歌詞など、園生活の中には、在園児のルーツとなる国のことばに触れる機会が数多くあります。

外国につながる子どもも保護者も

2 誰をも大切にする気持ちで、各国の文化を尊重

それぞれが、自分のルーツに誇りを持って生きることを大切にし、在園児のルーツとなる国の文化を紹介する機会を多くつくっています。園児だけでなく、行事を利用して保護者同士をつなぎ、異なる文化の交流を図ります。（桜本保育園／神奈川県）

ある日の全体活動で

はやく
食べたいな

日本料理は
ぬか漬けに
西欧料理は
ピクルスに
中国料理は
甘酢漬けに
朝鮮・韓国料理
はオイキムチに

同じ食材から世界各国の料理に

「きゅうりまつり」と名づけられたイベントで、きゅうりをメインにした各国の料理に挑戦。同じ食材でも、調理法や味つけで違う料理になることを体感します。

保護者も一緒のイベントで

夕涼み会では、我が家のメニューを持ち寄って

夏に恒例の夕涼み会では、それぞれの家庭がメニューを持ち寄ります。珍しい外国の料理は人気の的。作り方を教え合ったりするなど、保護者同士の話も弾みます。多様な文化を認め合う、園の大切な行事のひとつです。

フィジーの
カレーだよ！

保護者との連携が必須となるオーダーメイド保育

医療的ケアが必要な子の保育は、食事も排泄も一人ひとり異なるため、保護者との密なコミュニケーションが重要に。連携が欠かせません。（にじのうた保育園／京都府）

朝の受け入れ風景

登園時に細かい情報共有を

登園時の保護者とのやりとりは、時間をかけて行います。医療的ケア児の場合、体調についての情報や養護面での要望などを聞く必要があります。保護者が安心して子どもを預けられるよう、看護師が立ち会います。

給食の調理風景

食事も一人ひとりに合わせて、園内で手作り

給食は、園内の調理室で手作りされます。医療的ケア児もほかの子も基本的には同じメニュー。それぞれの子に合わせて食べやすい形状に調理します。病気によっては家庭からの補助食も使います。

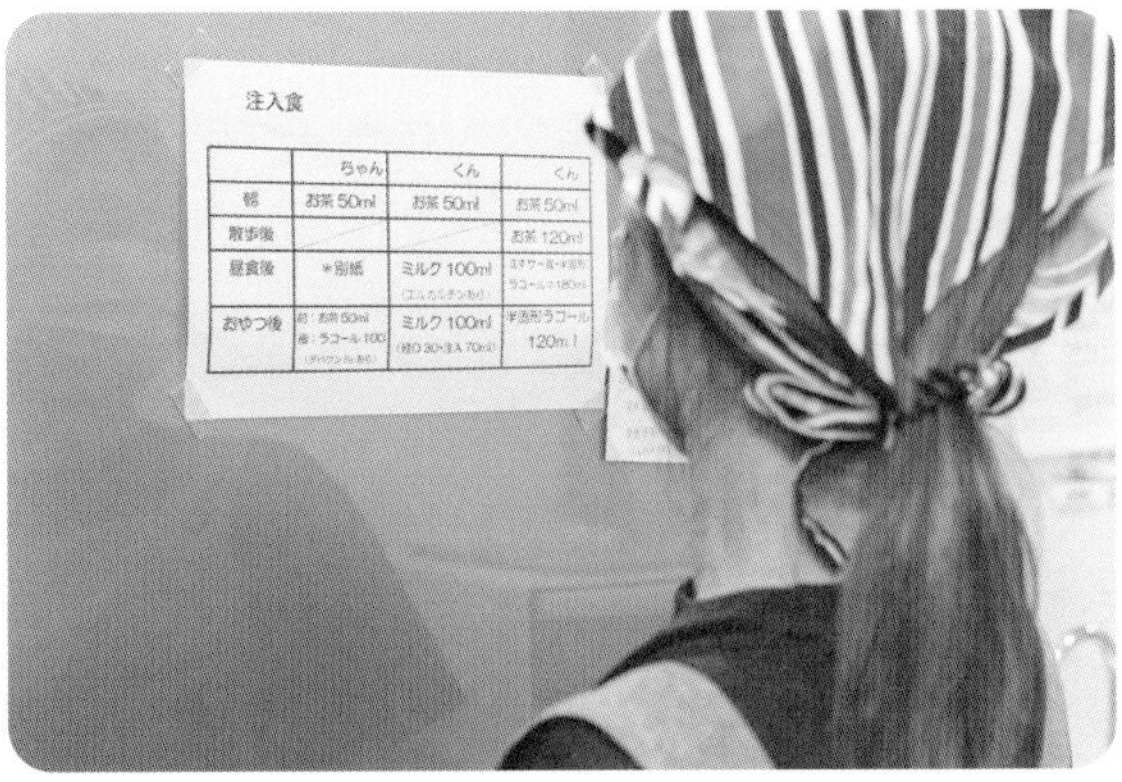

医療的ケア児もともに 2

誰もが楽しいと感じるよう、あそびや活動に工夫を

医療的ケアが必要な子、発達障害がある子もそうでない子も、ともに活動することを大切に。楽しみ方は同じである必要はありません。行事もみんなで参加できる内容を考えています。（にじのうた保育園／京都府）

一斉活動の風景

フニャフニャ
するぞ！

触感を楽しむ活動を。楽しみ方はそれぞれ

高野豆腐の固いままのもの、水でふやかしたものを触って、触感の違いを確かめます。その後は着色した高野豆腐で、おままごとをしたり、足で触って感触を楽しんだり。家ではできない活動に、子どもたちも楽しそう。

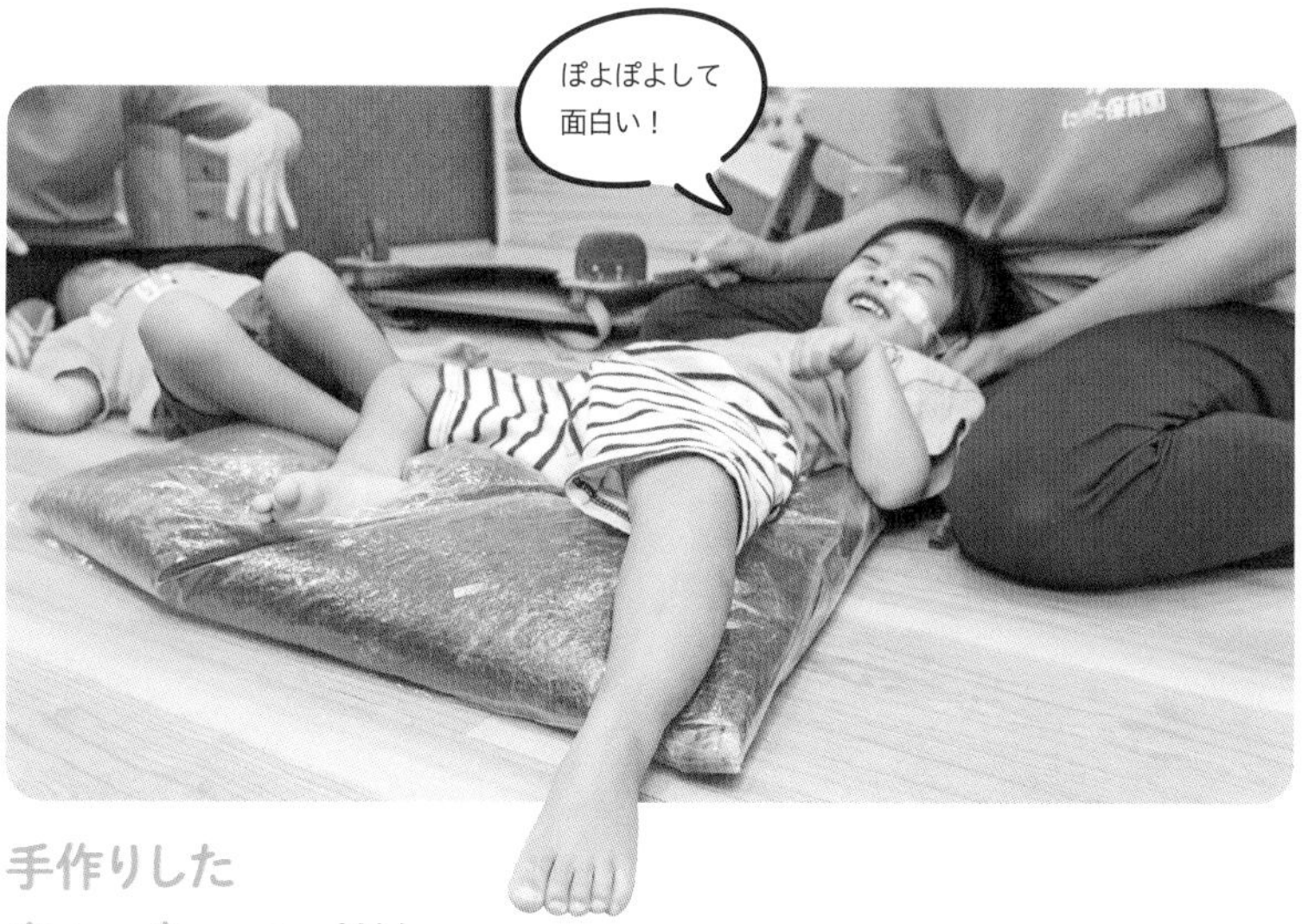
ぽよぽよして
面白い！

手作りしたウォーターベッドは楽しみ方も十人十色

布団圧縮袋を利用して手作りしたウォーターベッド。キラキラ光る素材と水を入れて作りました。作る過程から楽しんだ子、できあがったもので寝心地を楽しむ子、ひんやりした感触を足で楽しむ子などいろいろです。

ボール、
もっと～！

ボールプールはみんなのお気に入り

医療的ケア児とほかの子とを隔てることなく、保育者がつき添い一緒にあそびます。危険があるのでは？　と大人は心配しがちですが、医療的ケアが必要な友だちへの気遣いも見られるのだそう。

コラム

「医療的ケア」にとらわれず「その子」として受けとめる

日常的に医療的ケアを必要とする子どもの保育施設への受け入れが、今各地で進められています。日常的に必要な医療的ケアとは、痰の吸引や導尿、チューブでの食事など。現状の課題は多く、看護師の確保、経験ある保育者の不足、保護者との連携の難しさなど様々です。

この子たちの保育では、まず対応できる人員の確保とケア体制の充実、保護者・医療との連携といった着実な受け入れ態勢の整備が基本です。ただし、医療面は看護師に委ねられるものの、ほかはすべて保育の領域。この子たちに対する保育の充実はもちろん、医療的ケアが必要な子がいるからこそ、さらに園の保育がよいものとなるよう努めたいものです。

そのためには、医療的ケア児であるその子を十分に理解しましょう。ケアの部分にとらわれず、保育の専門性から、その子全体を理解するよう努めること。ほかの子と同じような思いを持つその子を「その子」として受けとめましょう。その子のよさ、したいこと、できることをちゃんと見て保育に生かします。保育者が「その子」を丸ごと認め、受けとめれば、子ども同士も必ず認め合い、かかわりも生まれます。その子がいてこそ生まれるかけがえのない毎日、そんなインクルーシブな保育ができるようになります。

ポイント

インクルーシブ保育で心得ておくべきは

インクルーシブ保育を実践するにあたり、どんなことを心にとめ、どのような保育を目指せばよいのでしょうか？

障害の有無にかかわらず必要な支援を

園生活を送る上で、何かしら困っているかもしれない子に、必要な支援を行います。その子が園で安心して過ごせるように導き、ときには保護者との連携を図りながら、その子らしい園生活が送れるように配慮します。

これまでの保育内容を見直す機会とする

支援を必要とする子への保育では、クラスの活動や日課、子どもたちとのかかわり方など、今までの保育内容を見直すことも必要です。その子にも、ほかの子にとっても、よい保育になるような見直しを図りましょう。

自尊感情に富んだ主体性のある子を育む

一人ひとりを大切にする保育は、心が安定した自尊感情に富んだ子どもを育みます。幼少期に大切に受けとめられた子は、人との信頼関係と豊かな人間関係を築ける人、そして主体的に社会を築ける大人へと成長します。

保育者同士の協働性と同僚性を高める

様々な子どもを理解するには、ひとりの力では難しく、保育者相互の協働が必須です。子どもの情報を共有し、保育者同士が同僚として率直に意見を交わし合い、チームで保育をできると、園全体の保育の質も高まります。

多様性のある社会を生きる子どもたちを育む

将来、子どもたちが歩む社会は、今よりもっと多様性に富んだものとなるでしょう。自分と友だちの違いを認め尊重しながら、あそびや生活をともにする経験を重ねていけば、多様性のある社会を生きる力を備えた子どもに育ちます。

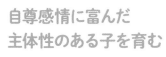

第2章 誰もが楽しんで参加できる行事とは

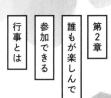

誰もが主体性を発揮できるように

インクルーシブ保育なら行事をどう進める？

行事は、子どもの成長のためのひとつのステージ。どの子にとっても、それが成長の後押しとなるには、どのように行事を捉え、取り組んでいくのがよいか、実践例を参考にしながら考えてみましょう。

当日までの「プロセス」と育ち合いを大切に

行事では、当日のできばえに目を向けがちですが、むしろ取り組む「プロセス」が重要です。気に留めたい「その子」も含む、子どもたち全員でつくり上げていく過程が、彼らの成長を後押しします。保育者は、ガイドしつつ見守ったり助言したりします。子どもたち全員で積み重ねた「プロセス」こそが、クラスの財産となるのです。

また、子どもたちの力を信頼し、子ども同士の育ち合いを大切に見守りましょう。子ども同士で乗りきれることがあります。なかのよい子と一緒なら、気に留めたい「その子」にもできるはず。子どもたちが生む「協働」を見届けましょう。

普段の保育を再確認する場に

日常と異なる行事では、子どもにもクラス全体にも、普段とは違う面が表れたりします。しかし、その過程で起きたことも当日のできばえも、いわば日頃の保育からの発展。それは、子どもの支え合う力、アイデア、担任との関係、クラスの雰囲気などの積み重ねの成果なのです。当日は想定外のことで落ち込むこともあるかもしれません。しかし、本番ならではの手応えや驚きも必ずあるはず。一人ひとり、これまでのプロセスを見返せば、成長が確認できます。たとえ想定通りいかなかったとしても、そこには「何かしらの理由＝次へつながる鍵」も必ずあります。

インクルーシブな保育観の発信の場にも

運動会や発表会といった保護者も参観する行事は、園の保育観・子ども観を保護者に向けて発信するよい機会です。園にいる多様な子（配慮が必要な子、外国につながる子、なんらかの障害のある子など）も一緒に、どんな体験を積み、普段の保育が演目や競技にどう生かされているのか。また、子どもたちの成長や保育者の願いといった、普段伝えきれない内容を、ドキュメンテーションなども活用しながら伝えてみてはいかがでしょう。

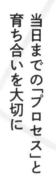

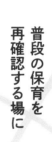

運動会

1

“見せる”を目的にせず“楽しむ”を大切に

見せることを目的に練習を重ねるのは、子どもには負担に。日頃夢中になっている運動あそびを披露したり、保護者も楽しめる行事にするにはどうすればよいかを考えました。（P26：足立区立鹿浜こども園／東京都、P27：葛飾こどもの園幼稚園／東京都）

練習いらずの演目を実現

クラス中で夢中になっていただんごむしをテーマに

ある年少クラスでは、ゆうぎも競技も、子どもたちの間でブームになっていた、だんごむしを取り入れた演目に。練習ではなく、毎日の保育活動の中で、あそびとして楽しみました。

あそびたいから並ぶことを覚えて

人気の的となった、段ボールで作っただんごむしのキャタピラー。どの子もあそびたいという気持ちから、保育者に言われなくても、自分たちで並んで順番にあそぶように。

いつもの運動あそびでそれぞれに好きなあそびを披露

同じクラスのほかの演目には、タイヤ引きなど普段の運動あそびの様子を見てもらうというものも。それぞれの子が、自分が好きだったり得意だったりする運動あそびを楽しみ、生き生きとした姿を披露していました。

練習の段階で

年長児の練習風景を小さい子たちが真似をして

年長児が運動会で披露する太鼓の演奏を園庭で始めると、年少クラスの子たちが興味津々で見つめるように。担任が小さな太鼓を作ると、それを叩いてあそぶことがクラスのブームとなりました。

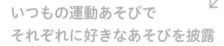

運動会をフェスティバルに

得意を生かし、協力することでインクルーシブを体感

青空フェスティバルではデザイナーや建築家の保護者の主導でオブジェを制作。トラックで作品を運ぶ保護者などもいて、各自の得意を生かします。様々な価値観の保護者が子育てを通し、共感し響き合うことで、インクルーシブの考え方も浸透していきます。

職業・年齢・国籍など、多様性に満ちた保護者が子どものために集結！

いわゆる運動会ではなく、「青空フェスティバル」と称して体を動かすイベントを開催。「おやじの会」の父親たちが力を合わせ、絵本の世界観を表現。この年は『11ぴきのねこ』をテーマに、オブジェ制作や出し物など、保護者が協力を楽しみました。

運動会

2 一人ひとりが輝ける演目・競技への見直し

運動会を行う目的のひとつは、子どもの日常の姿や成長ぶりを披露することだと思います。その際、インクルーシブ的な視点から見るとどの子も輝ける演目や競技を考えることが大切に。誰もが主体的に参加できるような配慮や工夫をしました。

（足立区立鹿浜こども園／東京都）

保護者と演目参加の相談を

思い込みは厳禁！ 子どもの力を信じてトライ！

あるクラスの演目がバルーンに決定。けれども担任は「危険で参加が難しいかもしれない」と考えた子どもがいたため、保護者に相談。話し合いをする中で、挑戦してみよう！　と、みんなと一緒に参加することに。危険が伴うようであれば、すぐに援助できる職員態勢を整えましたが、職員が登場する機会はなく、クラスみんなで楽しめました。

子どもたちと演目内容の相談を

保育者があそびの延長から演目を決めたものの……

あるクラスでは、春から忍者ごっこが人気に。そこで忍者をテーマにした障害物の演目を考えましたが、練習では乗り気でない子の姿も見え、いまいち活気がありませんでした。

自分で選ぶことで意欲的な取り組みに

演目内容を保育者が決めるのがよくないのではと考え、登場の決めポーズや、川をどうやって渡るのかなど、子どもたちがやってみたいように積極的に変えていきました。高い台の乗り越えに苦手意識がある子たちが楽しめていないことに気づき、低い台も取り入れ、コースを選べるように改善。それぞれのペースで楽しめるようになりました。

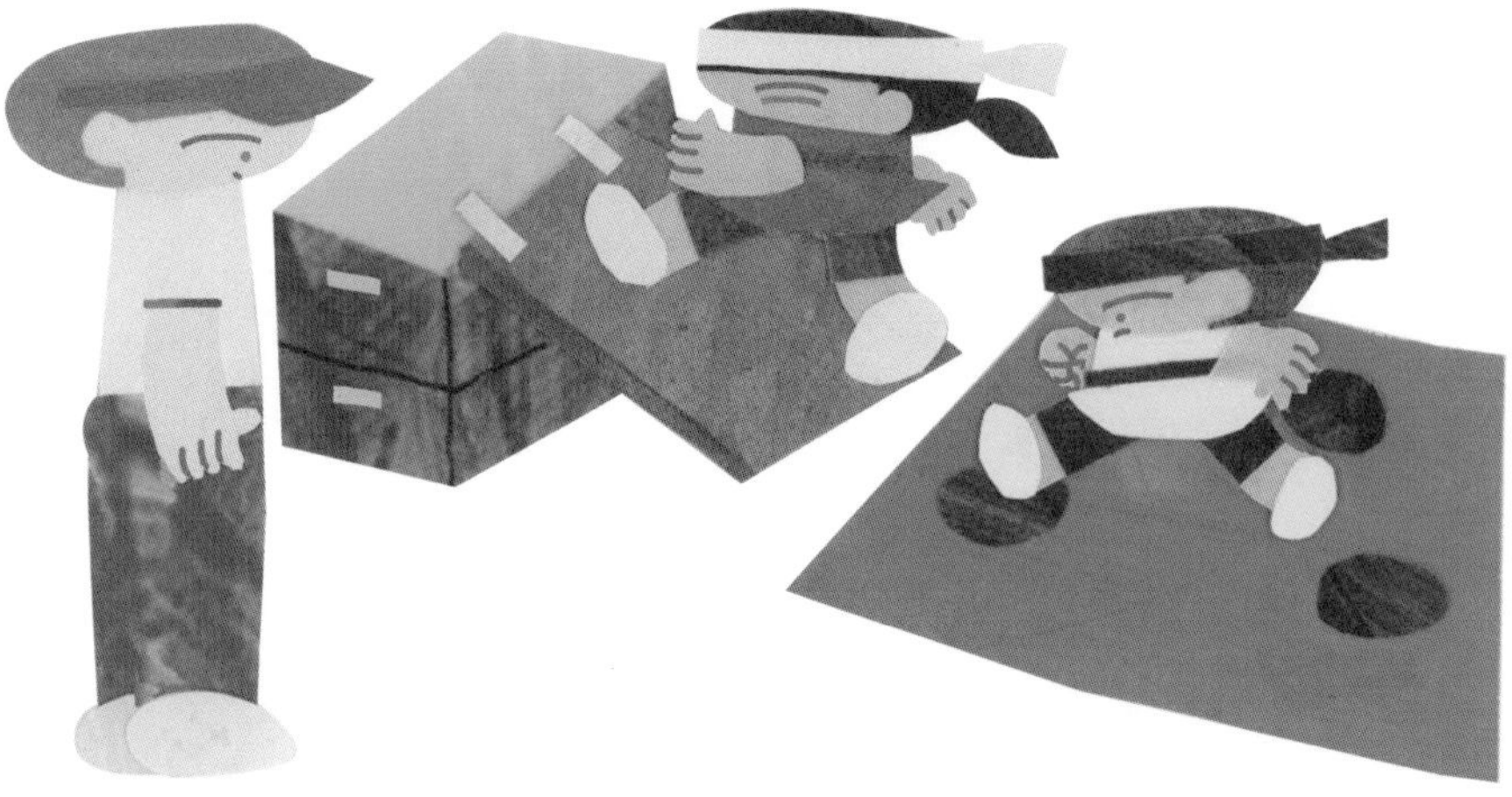

運動会で心がけたいポイント

誰もがうれしく楽しい運動会に

大音響に包まれ集団行動が続く練習に戸惑い、そこに入れない子たちがいます。運動会だからと、急に普段と違う行動やルールを求められ、苦しい思いをする子も。一人ひとりを大切にする保育を求めるなら、子どもの視点に立ち、誰もが楽しむことができ、どの子にとってもうれしい運動会を考えましょう。

子どもの視点で保育を見直そう

誰もがうれしい運動会にするための第一歩は、子どもの視点を入れること。実際に、日々の運動あそびの延長を演目にしたり、競走をやめて全員が一斉に走ることにしたり、走る順番やペア、ルールを子どもたちで決めたりしたなどの変更例があります。一人ひとりを大切にする工夫をすれば、どの子にとっても「やってよかった」運動会にできます。

一部でも、全面的な見直しでも

運動会の見直しは、容易ではありません。そのため、当の「その子」も参加できる工夫から始めても、組み体操など、補助しにくい「一部」演目の変更から始めてもよいでしょう。できるところから見直し、改善していきましょう。誰もが参加したくなる、満足のいく運動会といえるまで見直しが進めば、それが最善です。

保護者と協力、共有する

インクルーシブな保育には保護者の理解と協力が不可欠。運動会はその絶好の機会です。保護者とともに計画や準備をし、当日の役割や演目参加でも協力が得られるとよいでしょう。また、運動会のねらい、一人ひとりに願うこと、日々どのように取り組んだかなども共有し、どの子も運動会で育ち合い、成長したことを確認したいものです。

練習ではなく毎日を本番に

運動会には、「練習」がつきもの。しかしこれは、できばえを意識した大人の理屈です。子どもには、くり返しの練習は退屈で苦痛だったりします。どの子にとっても日々の活動が楽しく満足でき、それが運動会当日に自然につながるような計画を立てましょう。子ども目線からは毎日が楽しい運動会、当日がさらに楽しくなれば理想的です。

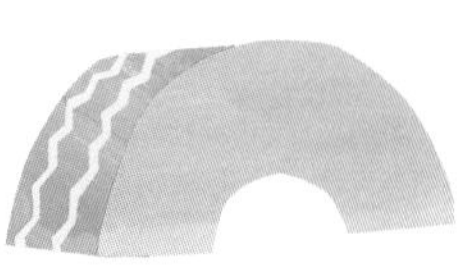

発表会 1

“楽しい”や“うれしい”を体験する発表会に

子どもたちの思いや希望を大切にして、演目を考えました。普段のあそびを発展させたり、発表会の演目が日常のあそびに影響したりもします。準備期間も楽しみながら当日を迎えられるようにしています。（葛飾こどもの園幼稚園／東京都）

演目の見せ方を相談

歌を覚えられない子が楽しめるようにするには

クリスマスには、賛美歌を披露するクリスマス礼拝としての発表会が。乗り気ではない子が、どうすれば楽しんで取り組めるか、アイデアを出し合いました。

子どもたち自身で演目を工夫

「同じ場所に立って歌うのではなく、劇みたいにしたら？」のアイデアで、ストーリーを交え、動きのある劇仕たてでやってみることに。

練習があそびに広がって

自由活動の時間に、衣装を着て歌を披露する子たちの姿が。劇仕たての練習が、いつしかあそびに発展しました。園庭のデッキを舞台にして歌います。

年少の子も交じってのあそびに

様子を見ていた年少児たちも、即席で衣装を作ってもらい、あそびに加わることに。わくわくする時間がくり広げられます。

やる気ゼロはなぜ？

保育者：「歌、嫌なの？」

Sくん：「嫌じゃない。いっぱい歌があるから覚えられない」

保育者：「先に役を決めて、それを覚える？　何やりたい？」

Sくん：「羊飼いの役」

保育者：「みんなと一緒に歌いたくないの？」

Sくん：「速さが合わなくて、歌詞を思い出すのが大変」

保育者：「ひとりなら歌えるの？」

Sくん：「うん」

「やりたくないのだろう」と決めつけず、時間をかけて本音を聞き出します。普段、気持ちをことばで表現するのが苦手な子が、心を許せる保育者の前では、素直に思いを口に出すようになりました。

「歌いたくない！」ではなく「歌いたいんだけど……」だった

発表会 2

参加を渋る子の気持ちに寄り添って

発表会への参加を渋る子もいます。どうして嫌なのか、どうすれば楽しくなるのか、子どもの思いを丁寧に聞き取り、気持ちに寄り添いましょう。必要ならば、参加の仕方や演目の修正も考えます。（葛飾こどもの園幼稚園／東京都）

発表会の練習段階で

発表会に参加したがらない子が

気持ちをうまく表現できず、友だちと衝突していたSくん。担任から相談を受けたT先生がSくんにアプローチします。

クラスの仲間も一緒にその子を知ることから

担任から聞き取ったSくんの好きなことを取り入れて、クラスの仲間も交えてあそんでみたT先生。より深く、Sくんを知ろうとします。

好きなことにじっくりかかわって

実は手芸が得意だったSくん。自由活動の時間に、クラス活動で親しみを感じたT先生のもとへ。大好きな製作をしながら、じっくり会話を楽しみます。

「認めてもらえた！」の気持ちが、信頼感につながって

クリスマス製作で「聖書にサンタはいない」と友だちに言われ落ち込んだSくん。「サンタさんがいてもいいんじゃない？」のT先生のことばに、はりきって製作物を仕上げました。

やる気ゼロの態度で練習に加わらず

本番と同じ場所での練習では、席から離れて、後ろの方で寝転がったり、悪態をついたりで、練習を拒否していたSくん。自分から加わろうとする気配が見られません。

当日は衣装を着て参加を

あそびを通して心を許せる保育者ができ、歌詞を書き出して練習につきあってもらうなどするうちに、徐々に取り組む意欲が高まっていきました。当日は衣装を着ての参加に。

発表会

3 どの子も主体的に取り組める演目と参加しやすい進め方で

誰もが楽しんで発表会に参加するには、演目の内容やその参加の仕方に工夫が必要です。誰も取り残されず、それぞれが主体的に取り組めるように進めました。

（足立区立鹿浜こども園／東京都）

日常の中で

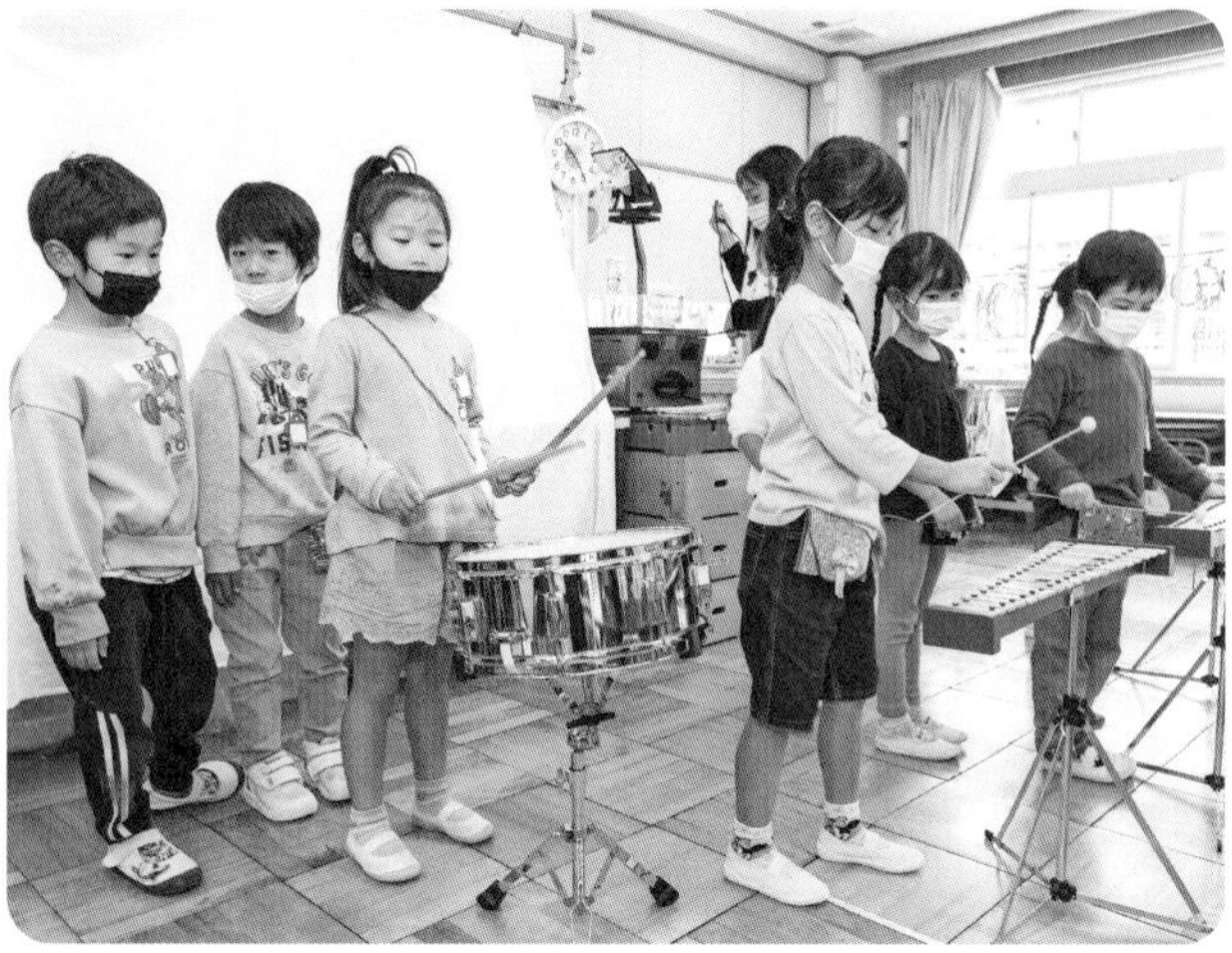

担任が楽器を用意。“ちょっとやってみる？”

年長クラスでは、普段から保育室内に様々な楽器を持ち込んで、自由に触れる機会を用意。とはいえ、興味がなくてまだ触ったことのない子もいたため、自分はどれが好きなのか、まずは順番に試すことから始めます。

興味が持てたら練習をスタート！

どの楽器を演奏したいのか、希望が出そろってから子どもたちが話し合ってパート分けを。自由あそびの時間に、楽器を合わせて演奏する姿も見られました。

絵は苦手でも“字が読めるよ”とナレーション役に

ＯＨＰで紙芝居のようにお話を披露するグループ。練習期間に多くのシートをみんなで作製。中にはナレーション役で参加を決めた子も。それぞれが自分の得意を生かします。

休んでいる友だちの分をあえて残して

色が塗られていないシートを「なぜ塗っていないの？」と保育者が聞くと、塗り残しではなく、長期欠席している友だちの分とのこと。「みんなで参加」を意識した配慮でした。

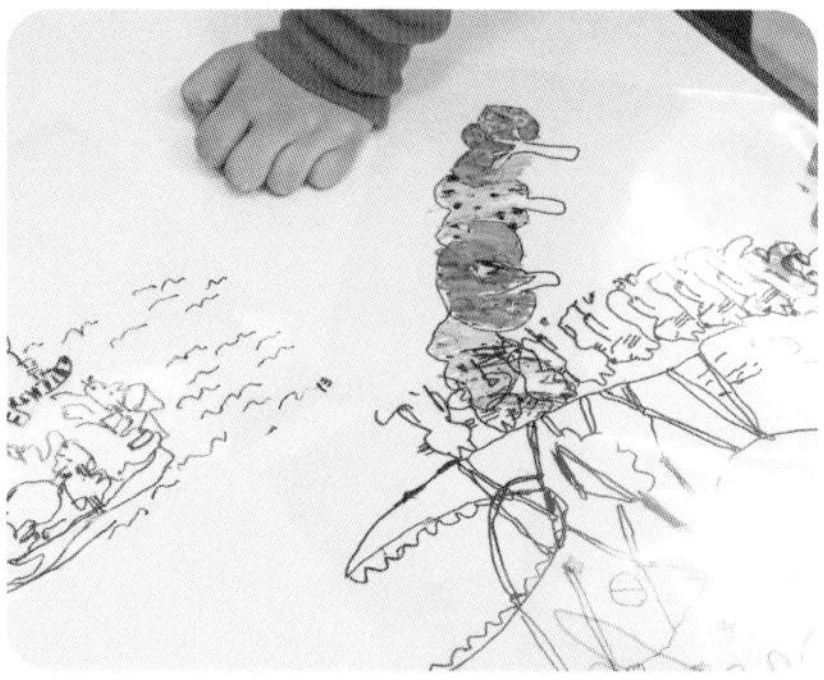

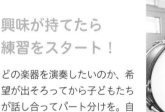

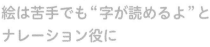

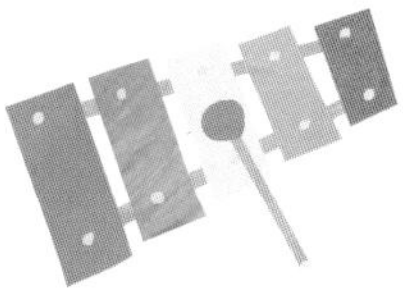

インクルーシブ的な発表会のあり方は？

その子らしさを表現する機会に

発表会を、子どもたちの成長を保護者と共有し、喜び合う機会だと捉えれば、それは誰にとっても意義のある会となるでしょう。ただし、「できばえのよさ」や「一糸乱れぬ見事さ」を求めるようだと、子どもの多様性をふまえた保育にはなじみません。様々な特徴を持つ誰もが、その子らしい姿を表現できることが重要です。

参加しやすい環境づくりを

発表会に向けた活動に参加したがらない子もいるでしょう。いつもと違う雰囲気に戸惑う気持ちを理解し、その理由を子ども目線で考えます。その子が好きなことや関心のあることを取り入れたり、理解しやすく参加しやすい場面や、できそうな場面から始め、できたらきちんとほめるなどして、その子も参加しやすい環境をつくりましょう。

誰もが輝く発表会を前提に

まず、子ども全員のための発表会であることと、その意義を保育者みんなで確認しましょう。その上で、誰もが輝ける姿で参加・表現できる会のあり方や演目について、個々の参加や発表の方法、練習への取り組み方、実施場所や時間も含めた全体の計画を話し合います。特に、支援が必要な子たちも楽しんで参加できることを前提とした話し合いにすることが大切です。

前例にとらわれず、形式や内容に工夫を

全園で同日に実施する以外に、クラスや年齢ごとに、実施日や場所を分散して行う発表会もあります。クラス別の実施でも、少人数ごとに登場したり、普段の保育の延長を見せたり、動画で発表する見せ方も。また、子ども自身が歌や劇、ダンスなどからやりたいことを選べるようにするなど、どの子も参加できる工夫をしましょう。

その子の「面白い」をみんなのものに

できばえに関係なく全員が参加できるものに「面白い」ものの発表があります。支援を必要とする子も、今気に入っている、その子独自の「面白い」ものが必ずあるはずです。その子をはじめ、各々が「面白い」と思うものをそれぞれに発表します。互いの関心のあることや個性を知り、知らなかったその子らしさを知るよい機会になるでしょう。

コラム

行事を見直せば、多様な子どもたちが輝きはじめる

運動会、発表会、園外保育、体験活動……。園の「行事」では、配慮を必要とする子たちと一緒の保育をどう進めるか悩んだりもします。そして普段と違う行事の雰囲気に敏感なのが、この配慮を必要とする子たち。この子たちに合わせて行事を全部変えるのは難しくても、やり方や計画を「見直し」、その子の興味のあることや取り組めるものを入れたりすれば、それが一部でも一緒につくり上げる行事になります。その結果、その子にとっての行事の意味も変わり、その子と担任、子ども同士の関係も変わっていったりします。

改良点とは、たとえば発表会ならその子ができる役・内容・流れ・援助へと「見直す」、お泊まり会ならその子も楽しめ、過ごせる内容・進行・友だちグループに「変える」、運動会ならその子もみんなも活躍でき、楽しめる種目・方法を「工夫する」など。さらに発展させるには、子どもも保護者も行事の計画づくりから参加する、園と保護者がともに多様性が基本の運動会・行事だと宣言するなどの試みもあってよいのでは。

「行事」を見直したら、多様な子どもたちそれぞれが、生き生き取り組むようになったとの声を聞きます。コロナ禍で培った「見直し」力は、園行事の改善にも役だちそうです。

園外保育 1

子どもたちの自主性を重んじ、考える機会を

遠足などの行事では、普段とは異なる状況や出来事に遭遇する機会も多いもの。保育者が必要以上に支援の手を差し伸べることなく、友だち同士で協力し合ったり、それぞれが考えたりする機会を大切にしています。（植草学園大学附属美浜幼稚園／千葉県）

ある日の遠足で

グループづくりは、子どもたちに任せて

遠足ではグループごとに行動を。メンバーは保育者ではなく、子どもたちが決めました。各グループが均等な人数になるよう、子どもたち同士で考える機会をつくります。

いつもの友だち
だから安心

しまった、
こっちだった

「転ばぬ先の杖」的支援は控え、自覚できるように

支援が必要と思われる場面でも、事前に特別に手をかけるのではなく、できなかったときだけさりげなくことばかけをし、本人が自覚して、しかるべき行動をするように促します。

なかよしだから協力して子ども主体で行動できる

森の中のチェックポイントを回ってスタンプを集めます。気の合うもの同士は行動のペースも似ていて、グループ行動もスムーズに。「次はどこへ行く？」と、友だちとスタンプを見せ合いながら、次の行動の相談を。

なぜ、あっち
がいいの？

行きたい道が違う。それがひとりでも、みんなで相談

分岐点でひとりだけ別の道に行こうとした子がいたため、みんなで立ち止まり話し合いに。違う意見の子がひとりだけでも、きちんと話を聞いて「こっちの道に行こうよ」と説得。その子も納得し、なかよく同じ道に向かいました。

ちゃんと、
ついてきてるね

自分のペースで歩きたい。その気持ちも尊重して

みんなに合わせて歩くのにちょっと疲れて、自分のペースで歩き始めたため、遅れ気味になったOくん。保育者は先を急がせることなく、さりげなく見守ります。

97、98、99、
100、101…

凧あそびはパスして、ひとりあそびもOKに

グループ行動の後は、凧あそびで自由行動に。中には数を数えることに夢中で、自分の世界に浸る子も。決められた活動に交ざらなくてもよしとし、その子の思いを尊重します。

これは、Aと
BとCだよ！

絵の代わりに、得意のアルファベットや数字を

お弁当を食べた後は、お面を作るアートワークで好きな絵を描くことに。最近文字に興味津々なOくんは、アルファベットと数字を書くことに集中。文字も模様だと捉えて、楽しんで取り組めることを優先します。

園外保育

2

子ども同士のつながりを深めることを意識して

インクルーシブ保育では、子どもたちがかかわり合って、育ち合うことが大切にされます。普段の保育とは様子の違う行事が、子ども同士のかかわりを広げ、深めるための、よい機会にもなりました。

（葛飾こどもの園幼稚園／東京都）

お泊まり会での活動中に

とんぼ、逃がしちゃうよ！

普段大人しい子が、感情を大爆発！

普段の園生活では、自分の気持ちをあまり表に出さないＬくん。ハイキングの最中に同じグループのＨくんとけんかに。自然の中で心が解放されたのか、声を上げて本音でＨくんとぶつかります。

一緒に乗れてよかった

仲直りをしたくて、リフトでは隣に

いつもはやんちゃなＨくんが、普段と様子の違うＬくんに心を寄せて急接近。どうしてもＬくんと一緒にリフトに乗りたくて、Ｌくんとペアになるまで組み合わせのじゃんけんのやり直しを主張しました。

トラブルを経てぐっと親密に

お泊まり保育が嫌で、初日は夜中に何度も目を覚ましたＬくん。ハイキングで自分の気持ちを出しきりすっきりしたのか、同じ部屋の三人で夜遅くまでおしゃべり。その夜は朝までぐっすり眠れました。

保護者ＯＢのサポート

大胆なあそびも保護者ＯＢならでは

子どもたちは、普段接する保護者や保育者とは異なる大人とかかわることに。多様な視点で子どもたちを捉える大人の存在は、子どもの育ちにもよい影響を与えます。

うわ〜
これ重い！

多くの大人が、子どもとかかわることに

お泊まり保育の実施には、多くの協力者が必要です。保護者同士のつながりを大切にしているこの園では、現役の保護者だけでなく、保護者ＯＢもスタッフとして参加します。

作品展・誕生会

子どもが「自分で決める」ことを大切にして

行事では、保育者主導で物事を決めるのではなく子どもの意見を大切に。子どもが自分の気持ちや考えを表出し、主体的にかかわれるよう、保育者は必要に応じて支援します。（右上・下：愛隣幼稚園／千葉県、左上：足立区立鹿浜こども園／東京都）

普段のあそびが発展して

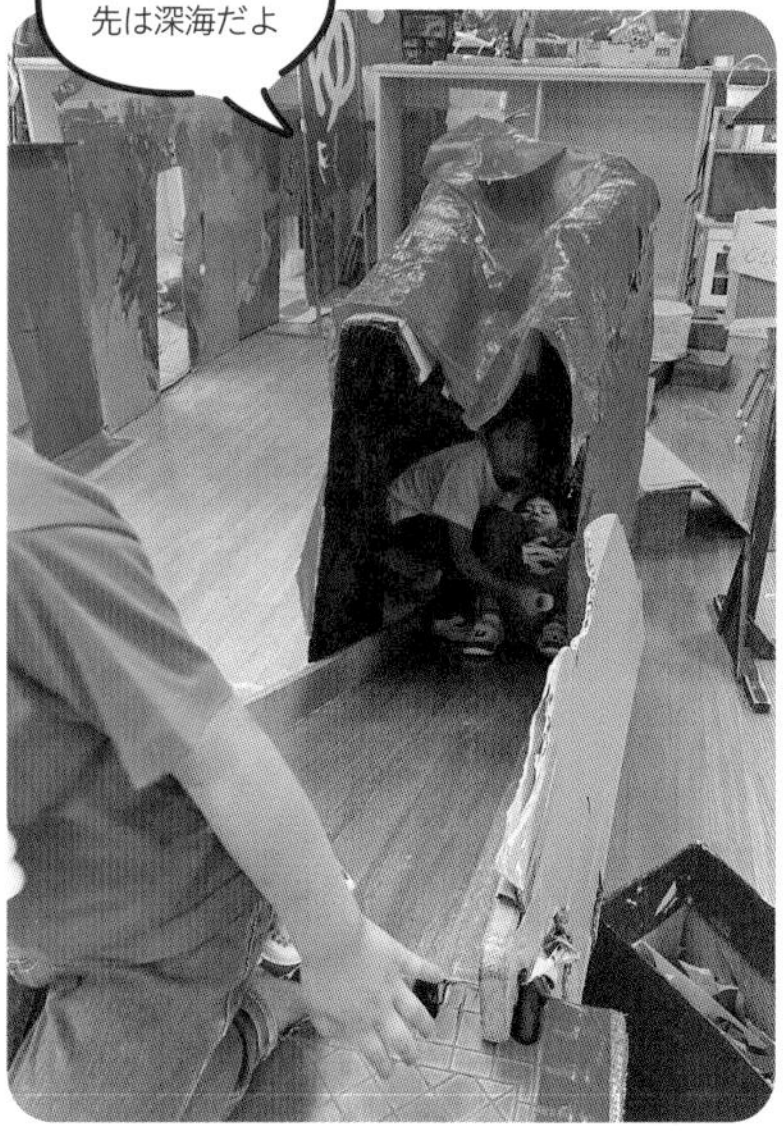
スライダーの
先は深海だよ

ひとつの製作物から、あそびのテーマが生まれて

年長クラスで生まれ、園全体に広がった海をテーマにした製作物や装飾の数々。始まりは、数人の子たちが作ったこのウォータースライダーでした。楽しいあそびにほかの子たちも感化され、いつしかプールから海へとあそびのテーマが発展。

いらっしゃい
ませ〜！
ホテル

作り上げた作品で、ごっこあそびも

「海には何がある？」「部屋全体を海にしたい！」。子どもたちは日々相談しながら、作りたいものを製作。海の家からホテル、水族館まで、何日もかけてアイデアが形になり、ごっこあそびも活発になされるように。

誕生会の司会シーンで

お誕生会を
はじめます！

おたんじょうびおめでとう

誕生会の司会が小さなチャレンジに

毎月ある誕生会は、人前で発表することに慣れるチャレンジの場。子どもたちは順々に前に出て、決まったセリフで司会進行をします。長いセリフや短いセリフ、ひとりで話すのや友だちと一緒に話すのなどパターンはいろいろ。人前で話すのが苦手な子でも、できる部分を選んでトライします。

園の廊下が、海の底に

夏のお泊まり会に向けて、海をテーマに園全体を装飾することに。年間行事としての作品展は行いませんが、園を訪れる保護者には、作品展を見ているかのようにも感じられます。

Q&A

ここが知りたい！インクルーシブ保育（行事編）

行事を行うにあたって、「インクルーシブ的な考え方だと、これはどうすべき？」といった疑問にお答えします。

Q 客席を暗くすると怖がって泣く子がいます

A 小さな子を連れての家族参加もあるため、暗くしないのが一般的です。暗くする場合には、誰かがそばについて暗くなることを予告し、部屋から出やすい席で徐々に慣らして、座っていられる時間を長くするなどの工夫を。強引にその場にいさせるなどはやめましょう。

Q 合奏でみんなに合わせられない場合は？

A 音楽活動の援助には、どうしても限界があります。「鈴」や「タンバリン」など友だちや保育者と「動き」を合わせやすく援助しやすい楽器役を設ける、さらに演奏以外の劇や歌、ダンスを取り入れた「多様」な活動にすると、誰もが参加しやすくなります。

Q やる気を引き出すにはどうすればよい？

A 初めての発表会に戸惑う子も、毎日の「できた」「面白かった」の体験が積み重なれば、少しずつやる気の元に。個々の「できそう」「面白そう」を、発表会の内容に取り入れてみましょう。やる気を見せる子どもたちの姿は、その後のクラスの宝になります。

Q 運動会で着席したがらない子には？

A 運動会の雰囲気は独特です。落ち着かず、自分が出ない演目に関心が持てない子もいるでしょう。隣に座って演目や競技を話題にする、隣になかのよい友だちが座るなど、関心が持てて着席しやすい環境づくりが鉄則です。ただ見続ける、座り続けるだけの受け身で意味の薄い時間はなくしましょう。

Q 集団やルールが苦手な子。かかわり方はどうする？

A 困っているのはその子です。子ども目線を重視するのなら、今のその子が参加できる競技・演目・ルールを考えることです。ルールや動きをシンプルにしたり内容を変えたり、友だちと、または保育者と一緒にするなど方法を変えたりすればグッと参加しやすくなります。

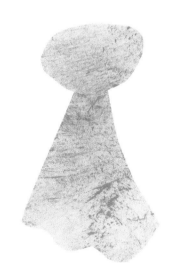

第3章

広がる、進める
インクルーシブ保育

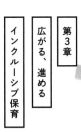

多様な子たちへの理解がより一層深まる

チームで進めるインクルーシブ保育

多様な子どもたちの一人ひとりを受けとめ、インクルーシブな保育を展開するには、多面的な視点からの子どもへの理解が求められます。

それには保育者同士の連携(チームワーク)はもちろん、保護者や専門機関との連携が大きな鍵に。

こうした連携を生むにはどうすればよいのか、実践例を見ながら考えていきましょう。

複数の視点で多面的に

気になる子の保育についての話し合いが、インクルーシブな保育へと進むこともあります。保育が難しい子についての本音の話し合いでは、ときに意見の衝突や、その子への見方、保育への思いのすれ違いも。同じ子どもを「落ち着きがない」と捉えるか「好奇心旺盛」と受けとめるかの違いも出ます。しかし、よりよい保育を園共通の大きな目標に、互いの見方の違いも認め、話し合っていけば、必ず「次の」保育への道が広がります。

ひとりでは凝り固まりがちな子どもへの見方も、複数の保育者の多面的な視点を融合すれば、より広く深く子どもを理解できます。その際、子どもとその保育に関しては、経験年数や役職、正規・非正規などの枠を超え、同じ「同僚」として見方や意見を交わし合うことが重要です。保育者同士が隔たりなく話し合い、子どもへの見方が共有できれば、それはチームでの「協働」に結びつきます。

子どもを中心につながる

発達支援の専門機関・相談員などとの連携も大切です。まず園の保育方針、保育で大事にしている点を伝えましょう。今のその子をどう見るかは、求める保育によって違います。定期訪問で成長の様子を確かめ、できれば園の会議にも参加してもらいましょう。その子の捉え方や成長、支援の手だてを関係者間で共有し、必要な場合には保育に役だてます。

保護者や家庭も多様化が進み、インクルーシブな保育では、多様な保護者との連携は必須です。加えて、保護者同士の支え合いも重要に。必要な場合には、園からのサポートや保護者間で支え合うことも。園と、保護者・家庭とが子どもの保育について連携を進め、また専門機関とも子どもに関する連携が進められれば、チームで進める保育もぐっと安定していくはずです。

保育者同士の協働 1

複数の保育者がかかわって、安心の保育に

発達支援の加配保育者ではなく、園のフリー保育者が担任と協働し、臨機応変に補助的な動きをすることで、クラスの活動を安定して支えます。（関東学院六浦こども園／神奈川県）

1日の始まりには

保育に入る前に、1日の流れを確認

1日の保育予定などが細かく記入されているホワイトボードで、自分の動きを確認します。

朝の礼拝は、大切な情報交換の場に

賛美歌とお祈りの後、園全体の1日の活動の流れ、クラス単位の活動予定などの情報交換をします。短い時間ながらも、園全体で保育をしているという連帯感が生まれます。

保育者同士の信頼感が細やかな援助へとつながることに

普段からよく話をして信頼関係が結べていると、保育中の短いやりとりでも、あうんの呼吸で連携が取りやすくなります。保育者同士のコミュニケーション力が高まるよう、学年を超えて話す機会を設けるなど良好な環境づくりを行います。

フリー保育者にヘルプを

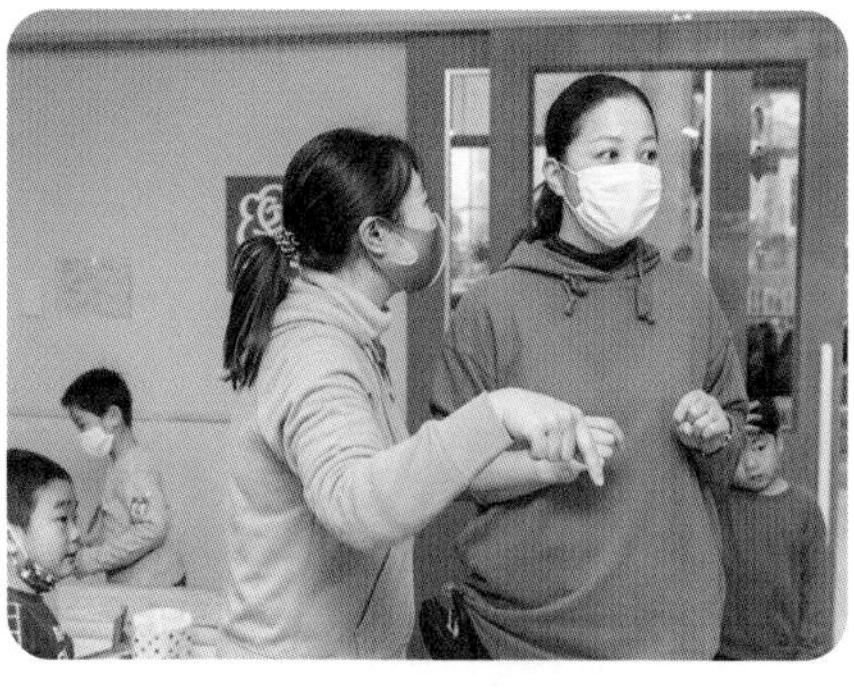

→

気に留めていた子の姿が見えなくなって

姿が視界から消えた子について、担任が「階下に行ったかも？」と、フリー保育者に探しに行ってほしいと依頼を。

子どもの気持ちと行動の理由を、担任に報告

階下で見つけた子どもとともに保育室に戻ったフリー保育者。子どもの心に寄り添い、じっくり聞いた話の内容を担任に報告します。

ある日の自由あそびの時間

たかいたかい、
よく見えるよ

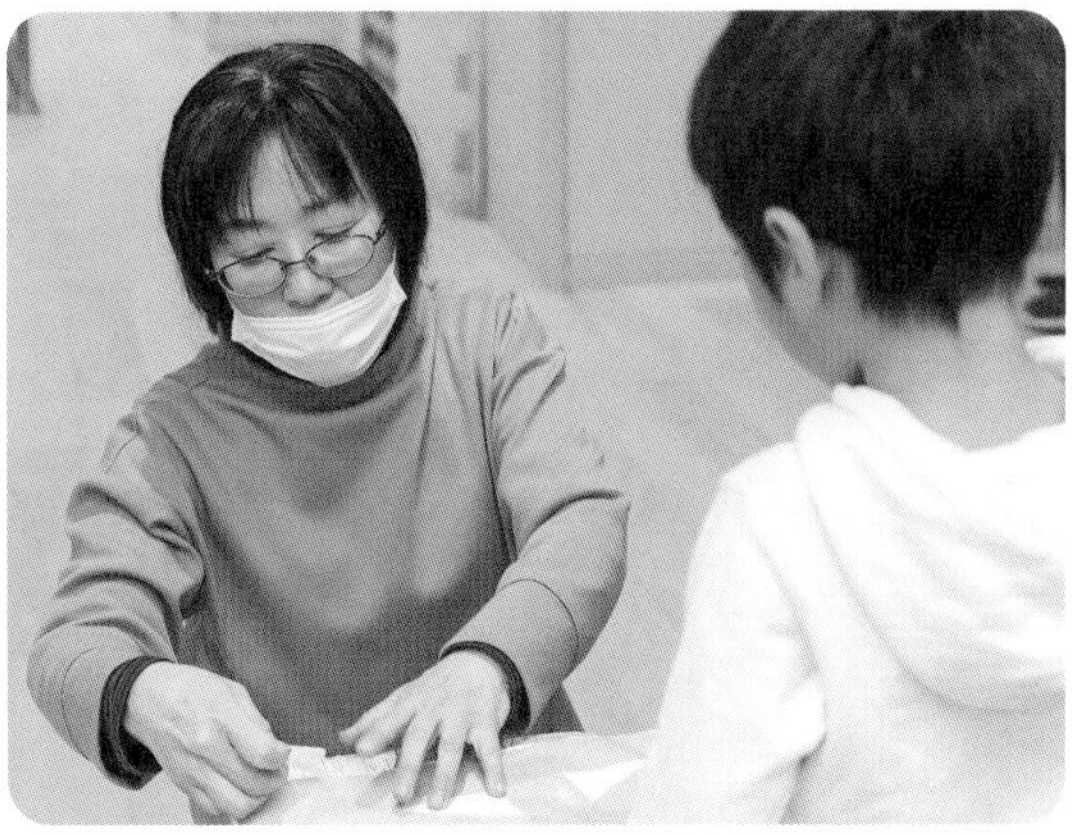

居心地のよい場所や信頼できる保育者を徐々に増やして

場所や人になかなかなじみにくい子には、まずはひとりの保育者との信頼関係を結ぶことを優先します。けれども狭い信頼関係に留まらないよう、徐々に居心地のよい場所や安心できる保育者を増やし、少しずつ社会性を育みます。

保育時間中のひとときに

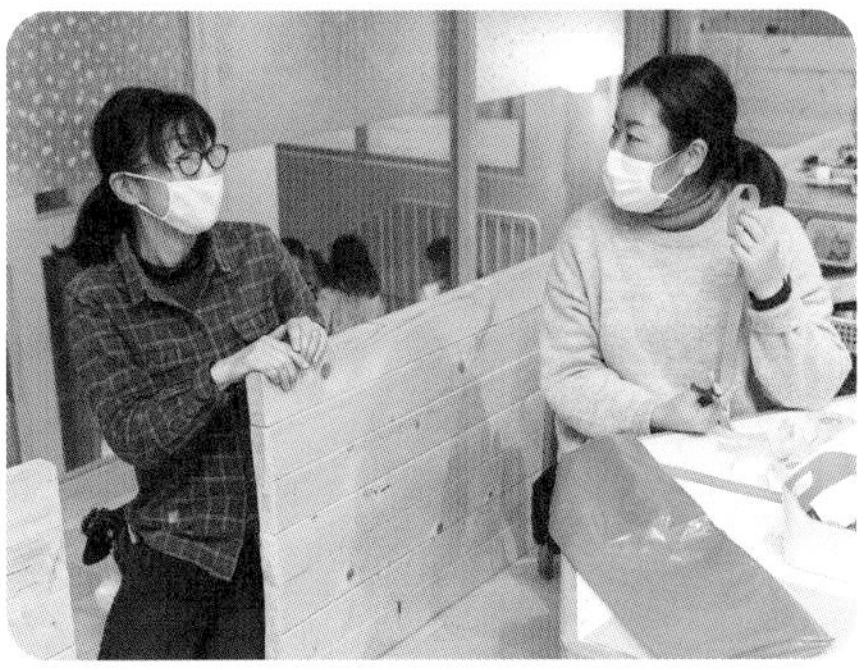

援助の方向性は同じでも、かかわり方はそれぞれの保育者に任せて

目指す保育やアプローチの方向性と、子どもの情報は全員で共有しますが、配慮やアプローチは、それぞれの保育者のやり方に任せます。どの保育者にも共通して大切なのは、必ず子どもの気持ちや意向を聞くことです。

Aくん、お昼は
完食でしたよ

保育者同士の協働 2

多面的な支援は保育者以外の職員からも

保育者とほかの職員との協働は、子どもへの理解を深め、みんなで保育を支える体制が整います。支援が必要となる場面においても、その連携が子どもにとってもプラスに働きます。（上：相模女子大学幼稚部／神奈川県、下：愛隣幼稚園／千葉県）

ある日の登園時間

あっちの方も
楽しそう

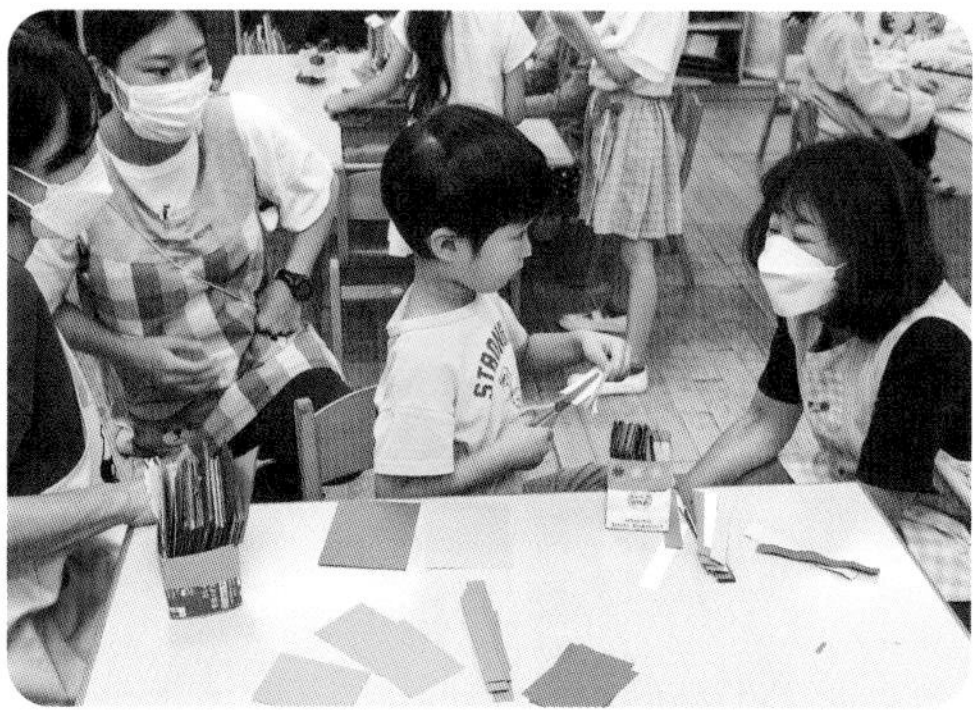

園バスの添乗スタッフが、登園タイムのフォローを

担任・副担任が登園する子どもたちを受け入れている時間帯には、バスを降りた添乗スタッフが保育室に入り、支援が必要な場面で子どもの見守りを行うこともあります。

昼休みの事務室で

たくさん
食べられたね

受け入れてもらえる安心感で事務室へ

転園したばかりで、クラスになじめなかった頃から、事務室の職員には心を開いていたSくん。園に慣れても昼休みになると必ず事務室に現れるように。Sくんが心安らげる場所として、事務室の立ち入りも禁止しません。

勤務形態や保育観が異なる保育者が協働するポイントは？

肯定的に捉えた子どもの姿を話題にして

子どもたちの姿で「いいな」「面白い」「伸ばしたい」と思ったエピソードを紹介し合う機会を設けましょう。支援が必要な子についても、どんなときに落ち着いて活動でき、生き生きとしているかなどの「気づき」を出し合います。その結果、子どもの肯定的な姿、そしてかかわる保育者の思いや見方を共有でき、協働へのベースも築かれます。

変化のときこそ意見を交わし合い、協働力をUP

協働の力が試されるのは、新年度の保育や行事、問題が起きたときなどです。みんなで同じ目標をもち、よく話し合うことで協働の基盤をつくりましょう。また、自由あそびのコーナーや運動会の種目など、日々の保育や行事の何かを変える試みは、協働に結びつくはず。お互いを尊重しつつ率直に意見を出し合って保育をつくる経験は、その後の協働力を育みます。

試しに否定的なことばを使わない保育に挑戦も

試しに、子どもとのかかわりや保育者間の会話において、なるべく相手に否定的なことばを使わないようにしてみてください。不思議と子どもも保育者も、お互いを「尊重」し合えるようになります。子どもの肯定的な姿が多く話題にのぼり、お互いの見方や考え方を受けとめる結果、互いを尊重する保育に近づきます。

役割の固定による弊害を減らし、柔軟な保育を

クラスでは担任と補助の保育者が協働し、役割を分担して柔軟に保育を進めますが、集団を見るのは担任、個の対応をするのは補助者のように役割を固定すると、協働的な運営を阻害することもあります。補助の保育者と特定の子との1対1の関係が固定すれば、二人がクラスから孤立するおそれも。役割を交代して感想を話し合うなど、役割固定の弊害を減らす観点も必要です。

理解が深まるように研修の機会も

インクルーシブ保育を全員がすぐ理解するのは容易ではありません。好意的ではない人がいた場合、どの子も参加する不公平ではない保育について理解してもらえるよう、対話に努めましょう。他園の情報を伝えるなどもよいでしょう。具体的な子どもの成長を共有できると溝も埋まりやすくなります。子どもの肯定的な姿を会議の場も含めて話題にし、共通理解を培いましょう。

園内研修 1

子どものための保育をつくり出す一歩を

インクルーシブ保育に園全体で取り組む際には、インクルーシブ的な概念を共通認識とするために、園内研修を行うのもひとつの方法です。太田俊己先生を講師として、一年を通して実際に研修を行った園の様子をご紹介します。（足立区立鹿浜こども園／東京都）

区の職員も交えて、研修のイメージを協議

講師に太田先生を迎え、年間の研修の進め方を話し合います。教育委員会の担当者も話し合いに参加。どうすれば保育者一人ひとりの身になる研修となり、それが子どもたちの幸せにつながるかを考えます。

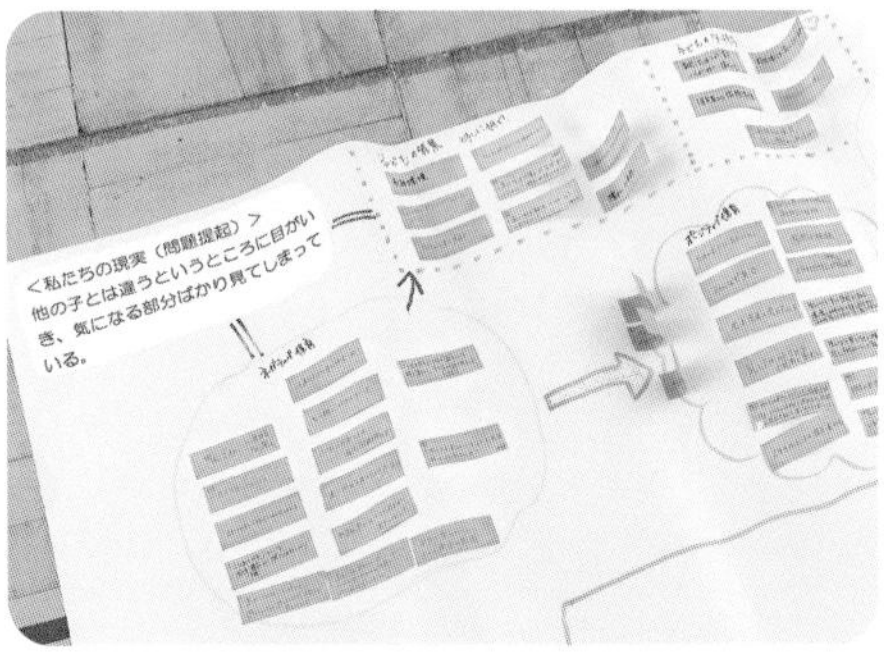

保育者みんなの考えを、マインドマップで拾い出し

１回目の研修を受ける前に、自分たちが思い描いているインクルーシブ保育とはどんなものか、クラスで気になる子について、その子は何に困っているのかなど、テーマを決めてそれぞれの考えを付箋に書き、マインドマップを作り可視化しました。

第１回 研修会開催！

子ども・保育者・保護者がうれしい保育にすることがインクルーシブな保育

テーマは、“一人ひとりを大切にする育ち合い”に

１回目ではインクルーシブ保育を実践するにあたり、目指したい保育はどんな保育なのか、どんな心がまえでいるのがよいのかについて太田先生からお話があり、いくつかの保育場面から、「子どもの思い」を考えるグループセッションを行いました。

一人ひとりを大切にする保育ならば、これはアリ？　ナシ？
考えてみましょう

遠足で動物園に行った後、みんなに一斉にぞうの絵を描かせた

どうして絵に限るのか？粘土でも工作でもよいのでは？

ぞうに興味のない子もいるはず。好きなものを描いてはどう？

保育経験年数で分かれての ディスカッションタイム！

若手グループ

子どもの興味はそれぞれ違うはず。事後の聞き取りも大切に

「みんながぞうに興味を持つわけではない」「その子が興味を持ったものを描けばよい」などの絵の話から、普段の保育環境はどれだけ子どもの興味に応えられているか、約束ごとは必要以上にあそびを制限していないかという反省にも展開しました。

中堅グループ

表現の内容も手段も子どもに任せ、「うれしい」につながるように

粘土や工作での表現もＯＫにしたり、製作時間を設けず好きなときに取り組んだりするなど、子どもの主体性に任せるべきとの話に。子どもと遠足について話すことで、その子の興味や喜びへの気づきも増え、子どもや保育者の「うれしい」につながるとの意見も。

ベテラングループ

遠足で得た経験を、日々の保育につなげるには？

絵を描くために遠足に行くわけではないとの意見から、何を子どもたちに経験させたいかを事前に考えることや、終わってからそれぞれの思いをクラスみんなで共有することが大切で、それが日々の保育につながっていくという話に。

園内研修 2

同じチームとして非常勤保育者向けの研修を

研修を受けるのが正規職員だけでは、その学びが非常勤の保育者にうまく伝わらないことも。同じチームとして保育にかかわるため、非常勤の保育者を対象にした研修を行いました。（足立区立鹿浜こども園／東京都）

チームとしての思いを土台に

誰もが子どもにかかわる保育者として同じ立場にあるという考えのもと、インクルーシブ的な視点、保育観の共有を目指します。

研修担当者の思い

子どもの個性を尊重した保育を行うには担任だけではままならず、非常勤の先生方の力が不可欠です。インクルーシブ保育を学ぶことで正規職員に起きた様々な変化について、ぜひ知ってもらい、その体験を共有できればと思いました。

園長の思い

学びたいという熱心な気持ちのある先生方だからこそ、今までの研修で得た学びを共有すれば、園全体の保育の質がＵＰするだろうという確信がありました。また、どんな思いで保育をしているのかも、これを機会に聞いてみたいとも。

準備には時間をかけて

今までの研修の流れを説明

研修担当者は、今までの研修や園内で話し合われた内容がわかるように、何を学び、話し合ってきたのか、そしてどんな変化が見られたのかを時系列でまとめることに。レジュメにして研修前に配布しました。

研修参加に向け、シフトを調整

研修の時間に非常勤保育者が保育に入らなくても大丈夫なように、研修担当者はシフト調整担当者にお願いを。今までも非常勤保育者向けに園内研修を行ってきたため、シフトは例年通りスムーズに組めました。

テーマは

“子どもも保育者も、HAPPY！”につながった対応

それぞれの思いや体験を「見える化」し、話し合いに生かします。

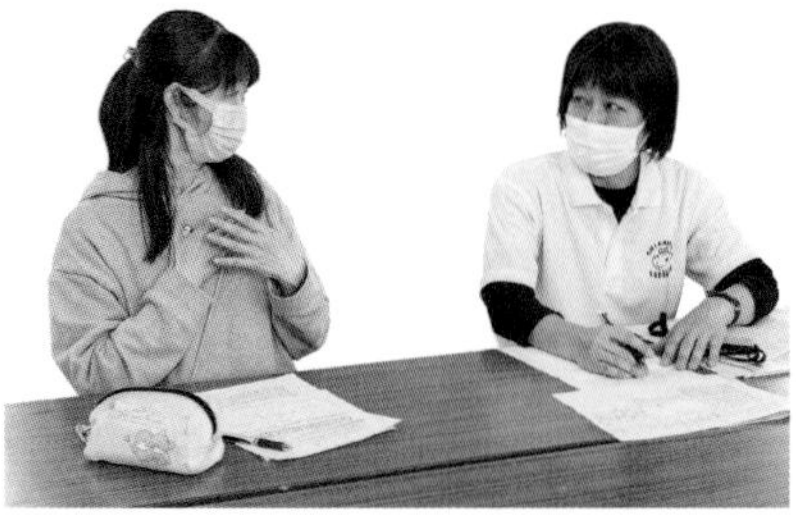

事前にテーマを決め、建設的な話し合いを

話し合いが活発になるように事前にテーマを決めて、それぞれ回答を提出してもらいました。内容をまとめて、参加者全員が読めるようにプリントを作成。当日はそれを基に意見交換を行いました。

研修には、正規職員を交えて

そうだよね！

いざ当日！

こんな事例が

「すごい！」ではなく、その子を見ていると伝わるほめ方を

「すごい！」など、何がすごいのかわからないほめ方ではなく、「重いものを持っているね」などと、ちゃんとその子を見ていると子どもに伝わる「実況ぼめ」を。すると、子どもの喜ぶ姿も見られます。

こんな事例が

活動の切り替え時は、ポジティブなことばを選んで

子どもがネガティブに感じる「片づけよう」ではなく「次は○○をしよう」と、ポジティブに感じることばで働きかけたら切り替えがスムーズに。次に何をするか具体的に伝えるのもよいようです。

なるほど～
いいですね！

研修後の感想

人によって「気づく」ことや「感じる」面が違うのだと、話し合いから知ることができ、こうした違いを共有できると自分の見方も広がっていくような気がしました。「みんなで育ち合う」ことを考えるよい機会になりました。

こんな事例が

「楽しかった」のことばから笑顔があふれて

友だちの輪に入れていない子に「入れて」のことばを提案。その子があそびのルールを理解できるよう「どんなルール？」とさりげなく子どもたちと会話を。一緒にあそべて「楽しかった」とその子。それを聞いたほかの子たちも笑顔に。自分もうれしくなりました。

人は楽しみがあると気持ちが穏やかに。子どもの笑顔あふれる保育は保育者のHAPPYにもつながります

園内研修

3

視点や考え方を変えると、みんなにうれしい変化が

研修の回を重ねるごとに、保育者の思いや保育環境、そして子どもの様子にも徐々に変化が表れるように。どう変わったのか、その一部をご紹介します。（足立区立鹿浜こども園／東京都）

Before

室内でおもちゃを投げる子に注意ばかりしていた

おもちゃを投げるようになった子に、何度もやめるように注意をしていましたが、なかなかうまくいきませんでした。

After

園庭に、投げてあそぶ遊具を手作りしてみた

子どもの気持ちに寄り添って考えたら、投げられるようになったことがうれしいのだろうと思えるように。そこで、園庭にボールを投げてあそぶ遊具を作ったところ、その子も含め、子どもたちに人気のあそびとなりました。

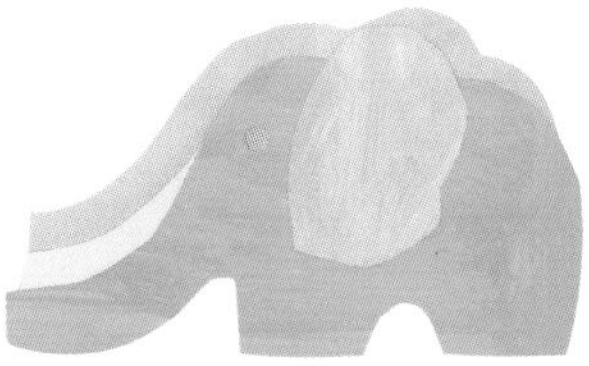

Before

職員室は、子どもの立ち入り禁止ゾーン

職員室は子どもが自由に出入りできない場所。入った子には、担任から「ダメ！」のことばが発せられていました。

After

子どもの思いを大切にしたら、職員室でうれしいひとときが

職員室の副園長先生の膝の上でうれしそうにしている子どもの姿を見た担任から「よかったね、うれしいね」のことばが。やさしく声をかけられ、子どもはさらにうれしそう。みんながほんわかした気持ちになりました。

園全体の保育の見直し。長期計画で取り組むポイントは？

目指す姿から現在地を測る

インクルーシブな保育に完成形はありませんが、進度の目安はあります。例外なくどの子も取り組める保育になってきたか、子ども目線で保育や育ち合いを考え、子ども主体の保育が進んでいるか、子どもや保育の話が活発に自由にできているかなどの視点から、現時点の進度を測ります。

全員「同じ」「速く」から脱して

保育ではどの子の成長も願いますが、全員が同じ内容を、同じ速さでできなくてもよいはず。インクルーシブな保育は、少数者の目線で保育を再構築する試みです。「同じ」「速く」にとらわれず、多様な子ども・多様な価値観による保育を目指す、息の長い旅なのです。

やりながら考える、やってみて変える

１年、２年と腰をすえて取り組むには、始められることから始め、やりながら考える、やってみて変える方法がお勧めです。そして子どもの目線に徹して、今の保育のよさと課題をみんなで確認しましょう。よさを自覚し課題を意識すれば、次に目指す保育も見つかります。

子どもの育ち合いもよく意識して

インクルーシブな保育では、子ども同士が育む関係性を大事にします。どのような育ち合いが生まれるか見守り、仲介し、互いによい体験が生まれやすいあそびや生活の場面を整えます。子ども同士のかかわり方や距離が変わり、そうした中で育ち合う子どもたちの姿を確認していきます。

次年度につなげる・深める

見直しを次年度へと継続し保育を深めるには、推進チームをつくることです。難しければ、定例の会議などで今の保育のよい点や不十分な点、子どもの育ちを率直に話し合いましょう。行事以外にも、日々の保育の改善に努め、子どもの育ち・停滞に即応できる保育を築き、深めます。

保護者との連携 1

気軽に話せる関係づくりで、保護者と連携

特定の子以外にも、誰でも支援を必要とするときがあるもの。いざというときのために、日頃から、どの保護者とも気軽に話せる関係を築くことを大切にしています。（葛飾こどもの園幼稚園／東京都）

ある日のお迎え時間に

「園は楽しいところ」と、子どもが思える保育に

「さよならの会」への参加より外あそびを楽しむAくん。今はAくんが興味や関心のあることに向かい、楽しめるようにすることをねらいとしているため、複数担任のひとりが見守りつつ一緒に過ごします。

「楽しかった～？」、保護者のお迎えで落ち着いた様子に

保護者のお迎えまで園庭の遊具の隅に座り込み、泥んこあそびを楽しんだAくん。ひとつのあそびに集中できるようになることも、子どもの成長の証しです。

穏やかな雰囲気の中、一緒に着替えながらその日の報告を

泥んこあそびの後走り回っていたAくんも、保護者の姿を見るとうれしそうに。保育者は、Aくんと保護者と一緒に帰り支度をしながら、Aくんの1日の様子や、関心を持ったことなどを話し、保護者と共有します。

話せる時間があるときは、子ども以外の話も

自転車で帰る準備をする保護者。大変なときは保育者が手伝うことも。家庭での様子や感じていることなどを保護者も自然と話し出し、会話が弾みます。

保護者との連携 2

それぞれの輝きをみんなで分かち合う

保護者に園の活動にかかわってもらうことで、お互いの違いを認め合い、誰も排除しないことを大切にする保育のあり方を、広めていくことができます。（自然育児森のわらべ多治見園／岐阜県）

ある日の活動中に

雨でも、
へっちゃらさ！

その子の得意や好きを誰もが知っている間柄に

「あの子は木登りが抜群にじょうずなんですよ」と、その日の当番のひとりである保護者が木の上の子どもを指さします。保育当番で活動するうちに、すべての保護者がそれぞれの子のことを深く理解するようになります。

行事の準備シーンで

みんな、食べて
くれるかなあ？

食物アレルギー対応食を保護者が学んで調理

「うちの園では、保護者が調理をする機会が多いんです」と園長。それは重度の食物アレルギーのある子の在園時も変わらなかったとのこと。それぞれの子のアレルゲンを把握し、みんなで食べられるメニューを用意します。

保護者との連携 3

保護者同士も、多様性を認め合えるように

子どもだけでなく、園にかかわるその保護者も多様性に満ちています。子育て観や家庭環境の異なる様々な保護者が、それぞれを認め合い、尊重する関係となるためには、保護者向けの勉強会も有効です。（上：自然育児 森のわらべ多治見園／岐阜県、下：愛隣幼稚園／千葉県）

園が主催の勉強会で

知ってもらいたい、伝えたいことをダイレクトに

園が目指す保育を保護者に伝えるためには、日々のコミュニケーションも大切ですが、園長の思いをダイレクトに伝えることも重要。そこで、保護者に向けた勉強会を年に数回開催。毎回テーマを決め、子連れでの参加をOKにして保育の根幹を伝えています。子どもだけでなく、保護者の育ち合いも大切にします。

保護者主催の勉強会で

保護者の気持ちに寄り添った子育て講演会は終始和やかに

園の理事長に、保護者たちが依頼した講演のテーマは「頑張る親たちへのメッセージ」。冒頭、理事長からの「そんなに頑張らなくてもいいんですよ」とのことばで、会場に和やかな空気が流れました。

講演後の懇親会では、子育ての悩みで涙する場面も

講演後開かれた、理事長と保護者会役員との懇親会。理事長の親しみやすさに心を開いた保護者から、子育ての悩み相談が。園での子どもの様子に胸を痛める保護者の話に、共感して涙する保護者の姿も見られました。

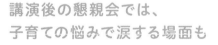

保護者との連携

4 未就園の子どもの保護者支援も

未就園児向けのプレ保育は、保護者に園の保育を理解してもらうよい機会。一人ひとりの個性をあらかじめ知ることができ、次年度のチーム体制を考えるのに役だつことも。（上：相模女子大学幼稚部／神奈川県、下：自然育児 森のわらべ多治見園／岐阜県）

子育て支援を目的に

専門職員を配置し、子育て支援と発達支援を

地域の子育て支援の一環として行っている、未就園児親子向けムーブメント。体を動かすあそびや、音楽を取り入れたあそびを行います。音楽の専門講師と公認心理師が担当し、保護者からの子育て相談や発達相談にも対応します。

定期的なプレ保育を

親子を対象にして、森の中での活動を

0～3歳の子どもと保護者を対象にして月4回の活動を。保護者同士がつながり合うワークショップや育児講座を開くなど、育ち合うことを大切にしています。多くの子が、親子組と称されるこの活動を経て入園します。

インクルーシブ保育への理解を深め、保護者と協働するには

保護者同士が「よい関係」でつながれる配慮を

孤立、障害、外国につながりがあるなど、多様な背景を持つ保護者であっても、子どもの乳幼児期に保護者同士が「よい関係」でつながれれば、子どもと保護者の成長や保護者相互の支援に好作用をもたらします。園は、「活動を始めやすく、続けやすくする」「気が合いそうな人同士、リードできる人に声をかける」「日程や時間に特に配慮する」など、保護者活動のサポートを。活動が地域社会に波及・貢献する例もあり、保護者の潜在的な力は大きいものです。

「一緒の育ち」の大切さを十分に説明して

①子どもたちの間でわが子も育つ、②多様な子どもたちの間で育つ、の2点について、例を出して保護者に伝えましょう。気になる子も適切な配慮で変わり、ほかの子たちとともに育ちます。子どもたちが子どもたち同士の力で育つのです。子どもたちのどんな小さな成長も保護者たちに伝え、その喜びを共有しましょう。入園前には必ず、その後も機会があるごとに、この2点を十分に説明します。

担任まかせにするのではなく園全体で取り組む

多様な子どもと家庭を支え、保護者と協働する保育にするには、クラスを超えた園全体の取り組みにすることが必要です。保護者同士のつながりと共感が深まると、それは園の保育の支えともなり、保育の向上や家庭での養育の安定にもつながります。園全体で、どの子も大切にする保育への意識と園からの発信力を高め、保護者と協働して保育をつくる域へと進めましょう。

児童発達支援の利用や障害診断を押しつけない

障害の相談や診断が必要だと考え、保護者に専門機関を勧める人がいますが、インクルーシブ保育では、障害の診断の有無は問いません。保育の問題は保育で解決。障害の有無にかかわらず保育を見直します。あえて専門機関の利用を勧めたり、診断書を要望したりしません。ただし、どの保護者とも十分な話し合いは必要で、その過程で障害や専門機関の話題になれば相談に乗ります。

地域に広げる

インクルーシブなオルタナティブスクールの開校も

自然育児 森のわらべ多治見園では、同園から派生して開校した小学生向けのオルタナティブスクール、MORIWARA 大地組スクールと異年齢での活動を行っています。（自然育児 森のわらべ多治見園・MORIWARA 大地組スクール／岐阜県）

園児と小学生で活動を

週に一度、異年齢の小学生とともに活動を

毎週金曜日は系列であるMORIWARA 大地組スクールとの合同活動日で、小学生と過ごす子どもたち。スクールでの活動は、自分たちで話し合って決めるのが基本です。異年齢もひとつの多様性であり、それぞれの子がそれぞれに楽しめる活動を行います。

市長スペシャルインタビュー！

インクルーシブ教育を推進する多治見市（岐阜県）

ともに育ち合う保育を目指し

多治見市では、私が市長になる以前より「インクルーシブ教育推進たじみプラン」（多治見市教育委員会）に、「みんなが伸びる・みんなと伸びる・自立を支援する教育の推進」を掲げ、インクルーシブ教育を推進しています。保育では、障害の有無にかかわらず、誰もがかけがえのない大切な存在として、ともに育ち合うことを重点に、一人ひとりに合わせた支援を大切にしています。

多様性を認め合うことでそれぞれが活躍できる場に

インクルーシブ保育の現場として「自然育児 森のわらべ多治見園」を見学して感じたのは、子ども一人ひとりをよく見守り「信じて待つ」ことの大切さですね。火や刃物の扱いなど、大人なら十数秒でできることも、子どもだと何分もかかります。それでも待つことで、子どもの育ちは違ってくるのだと思いました。

また園が、子どもだけでなく保護者の多様性も受け入れ、対話して認め合う姿が、印象に残りました。私が理想とする「まちづくり」にも通じるところがあります。様々な考えの多様な人たちがかかわって活躍することで、よい「まちづくり」が実現するのだと信じています。

多治見市長

高木貴行 たかぎ・たかゆき

岐阜県多治見市出身。元プロサッカー選手。2007年岐阜県議会議員選挙で初当選。県議会議員４期を経て、2023年４月より現職。プライベートでは２児の父親。

Q&A

ここが知りたい！インクルーシブ保育（協働編）

インクルーシブな保育を目指すには、子どもにかかわる大人たちの協働が重要に。保育者や保護者が協働しようとする際に、生じる疑問や悩みにお答えします。

Q 「みんなと同じように」と、保護者が望むときは？

A この声の裏に、園としてその子を別扱いしている実態はないでしょうか。その子の関心・できることから考えて、ほかの子と一緒の活動を増やしましょう。また、一人ひとりをもっと大事にする保育を。どの子も尊重され、活躍していれば、こうした声はなくなります。

Q 園全体で取り組まないと、インクルーシブ保育はできない？

A ひとつのクラス、ある年齢、あそびの時間だけでも、インクルーシブな保育は進められます。ただ園全体であればさらに理解は進み、よりインクルーシブな形に近づきます。柔軟に子ども主体に保育を進める過程自体が、インクルーシブな保育への一歩なのです。

Q 勤務時間の関係で、情報の共有と協議ができない

A 勤務がシフト制の園では情報共有が進まず、全員での会議がもてないなどの悩みも。細かな情報共有は必須なので、諦めずに工夫と努力を。口頭でこまめに伝達、連絡帳や電子ツールの活用、リモート会議や勤務の一部変更で出席者を増やすなどを試しましょう。

Q 保育観が違うと、子どもが混乱しない？

A 保育での視点や力点が違えば、子どもへの対応にも違いが出ます。子どもを尊重した上であれば、違いはあってもよいのですが、「混乱」させては尊重と言えません。配慮が必要な子の混乱を招かぬよう、中立的な立場の人も交えての保育者間の話し合いが必須です。

Q 役割分担が不公平、おかしいと不満が噴出

A 子どもの前では保育者間の責任や役割に大きな違いはないはずです。しかしときには、役割や担当範囲が不公平、おかしいと不満が出ることも。実際に不公平なら改善すべきですが、ほかの不満が原因のことも。早めに、個別に不満の源を聞き取る必要があります。

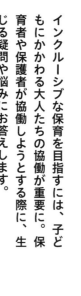

第4章 インクルーシブ保育の 基礎知識

従来の保育は、今の子どもたちの実情に合わない？

なぜ今、インクルーシブな保育なのか

第1～3章では、9園の実践例から、多様な子どもたちを前提とした、様々な保育の取り組みを紹介しました。第4章では改めて、なぜ今このような保育が求められているのか、また、実際の保育のための基礎知識を解説します。

どの子にも同等な保育の機会を

国際的に提唱される「インクルーシブ教育」の乳幼児版が「インクルーシブ保育」。マイノリティの子どもたち（障害、外国とのつながり、民族、性的少数など）の教育・保育を、多数の子たちと同等なものへという理念が込められています。

インクルーシブな保育をここでは、「多様である子どもたちの誰をも取り残すことなく、どの子にも公平に、充実した園生活が実現するよう努力する保育」とします。

見方を変えると、マイノリティの立場に置かれている子に対して、多数の子たちが保育で得ている恩恵を、権利として公平に保障しようとするものです。うちの園は関係ない、と思われるかもしれません。しかし、例えば障害のある子を「できない」という理由で、ほかの子たちと区別し「切り離して」いませんか。度重なれば、この子だけ別な園生活を送ることに。ほかの子と同等の恩恵が受けられません。インクルーシブな保育は、こ

の子も一緒に様々な活動に取り組めるよう配慮をします。

一人ひとりが活躍し全員で育ち合う保育を

なぜ今、インクルーシブな保育なのでしょう。それは、どの園にも障害のある子、外国につながる子など多様な子たちがいて、一律・一斉の保育が実情に合わないからです。子どもたちに「同じ」を求める従来型保育では、どこかに取り残される子が。そのため、子どもたち個々を尊重し、その多様さを育ち合いへと進めるインクルーシブな保育が、求められているのです。

インクルーシブな保育は、保育の目標や計画・方法が従来とは違ってくるので、「特別な保育」と思われたりします。しかし、子どもの多様化が進む今日、そのどの子も一人ひとりが活躍し、全員が参加して育ち合う、そんな保育にする試みです。保育がもつ、子どもを主体にし、子どもに合わせる柔らかな視点で、みんなで考え進める保育らしい保育なのです。

保育の場で気に留めたい多様な子どもたちとは

身体障害

身体障害には姿勢・運動の障害、内部障害など種々。視覚障害では物に目をごく近づければ見える弱視が、聴覚障害では音量によっては聞こえる難聴が多いです。共通して早期の専門的ケアが重要。本人が満足できる日常・保育はさらに大切です。

医療的ケア児

日常的に医療的ケア、医療機器を必要とする子が医療的ケア児です。医療的ケアには痰の吸引、経管栄養、酸素吸入などがあり、動けて話もできる子から寝たきりの子まで幅広いです。個に応じた保育、家庭支援が必須です。

外国につながる子

国籍によらず親のどちらかが外国にルーツがある子を含みます。外国籍の子も日本生まれの子も。数は年々増加中で、そのうちの3～4割の子が援助を必要としているとの見解も。日本語、文化・風習、保護者への対応が留意すべき3つの点です。

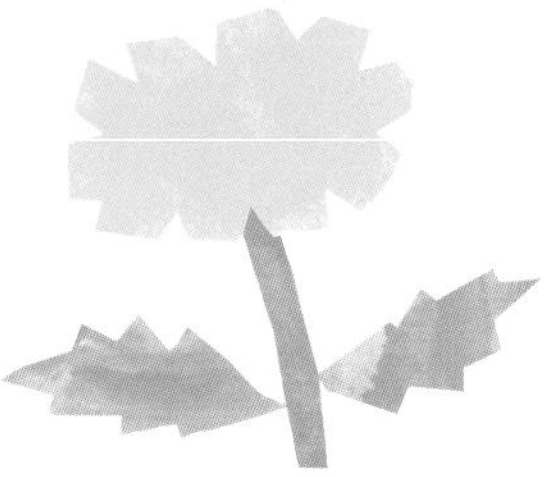

家庭環境に配慮が必要な子

貧困、被虐待、特異な養育、きょうだい児、ヤングケアラー問題など養育・家庭環境がもたらす問題は増大しています。地域の福祉機関などとの連携も必要です。日々の心身の様子を確実に受けとめ、子どもを支えるための保育が必要。

LGBTQ

幼児期は自分の性別に対する意識（アイデンティティ）が、保育の場でのテーマでしょう。家庭の養育観にもよりますが、幼児期は子どもの意識もより流動的なので、保育では決めつける態度を取らずに柔軟で受容的な対応が肝心です。

※LGBTQとは、レズビアン、ゲイ、バイセクシュアル、トランスジェンダー、クイア／クエスチョニングの頭文字を取った、性的マイノリティの総称です。

保育で配慮や支援が必要な子は、
視点を変えれば「気に留めておきたい」子。
気に留めて保育をすれば、その子たちは、
よく言われる「困った子ではなく困っている子」
になるはずです。

ASD（自閉スペクトラム症）

特徴が強く出る子から弱い子まで連続（スペクトラム）する障害。①対人関係や集団行動の困難、②人とのコミュニケーションの困難、③こだわりや執着、感覚の過敏、パニックが特徴。一方、ルーチンをよく継続する力も。

LD（学習障害）

絵や形を描く、読み書き、計算など、一部能力のみに苦手が見られる障害です。不器用さを呈したり、ADHDと重なることも。幼児期には障害が目だたず、小学校入学後や知能検査でわかる場合も。

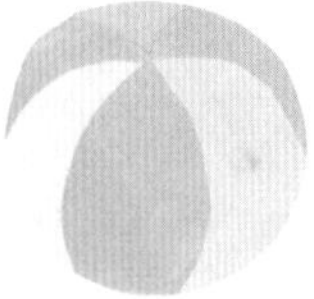

DCD（発達性協調運動症）

服のボタンがはめられない、ボールあそびが苦手、はさみが使えない、身のこなしがぎこちない、不器用など、手や身体を協調する動作に目だって困難があります。自信を失わせないよう、できること・よさを伸ばす保育を勧めます。

ADHD（注意欠如多動症）

飽きっぽい、すぐ反応する、気が逸れやすい、ボーッとしている、落ち着きがないなど、注意力や集中力、動作や感情のコントロールに困難が。一方で優れた想像力、集中力を発揮し、人懐っこいことも。

知的障害

生活面の遅れ、話しことばの遅れで気づくことが。一方で集団生活になじめる子も多く、遅れが軽い場合は目だたず気づきません。子どもがわかる、できる声かけや手がかりなど、生活しやすくする工夫をしましょう。

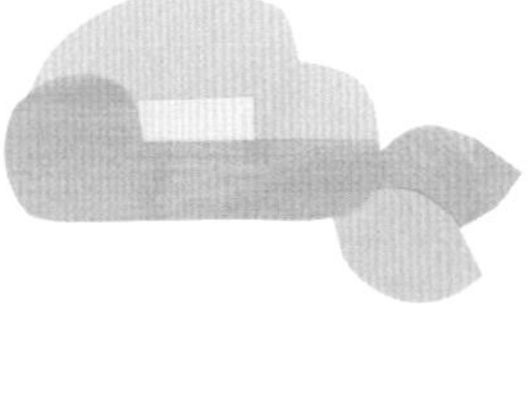

※「発達障害」とは、ASD（自閉スペクトラム症）、ADHD（注意欠如多動症）、LD（学習障害）、DCD（発達性協調運動症）などの、脳機能の不全により低年齢から現れる障害の総称です。ここでは主に、アメリカ精神医学会の診断基準（DSM-5）の疾患・障害名を用いましたが、一部、「発達障害者支援法」の障害名を使用しました。

様々な子どもたちのいる保育の場をどう見直すか①

保育は「集団で、皆が一緒に同じ活動に取り組むもの」といったイメージがありませんか。しかし実際の現場を見れば、集団になかなか入らない子、ほかの子と同じペースでできない子、話が通じにくい子など、そのイメージと違う現実に気づくはず。「皆が同じに、同じペースで」は、現実にはもうそぐわないのです。

　では、実態に合った、今の子どもたちが求める保育とはなんでしょうか。新鮮な目で子どもたちを改めて見てみましょう。あそぶ様子、子ども同士の関係、家庭の事情、これまでの育ち、それぞれの個性や特徴……。子どもたちそれぞれの姿が浮かびます。子どもたちは個々別々。特徴も関係の築き方も、発達の過程も家庭の状況も、それぞれの特徴があり、違いにも幅があると気づきます。好みも苦手も、かかわり方も行動もそれぞれがユニーク。個性と特徴が多様です。

多様な子たちを前提に保育を合わせる

現在は、子ども一人ひとりが保育に求めるものが違ってきています。保育を、このそれぞれ違いのある子どもたちにフィットするものにしないといけません。一人ひとりに、また多様な子たちに応える保育です。違いや個性のある子たちがいて、どの子も日々満足できることを目指す保育です。

　障害のある子への療育や発達支援と、インクルーシブな保育とは重なる部分もあります。違いを挙げるならば、個別への支援でも、「今ある保育にその子も入れる」ためよりも、「子どもたちに合わせて保育をつくる」ため、また「子どもを変える」より、子どもはそのままで「保育環境を変える」のがよりインクルーシブな保育だといえます。

　実践での留意点は次ページで触れますが、インクルーシブな保育の、実践で考慮したいポイントを5つ挙げておきます。

①一人ひとりが満足できる保育環境をつくる
②子ども同士が満足できる保育環境をつくる
③どの子も充実して過ごせる保育計画をつくる
④保育者たちの連携と保護者とのよき連携
⑤子どもの満足・充実と保育者・家庭の満足・充実をつなぐ

インクルーシブ保育から見た活動のポイント

食事

乳幼児期は味覚の未発達や経験不足で食べられないこともあるため、第一に食べやすくする工夫が大切です。また、食事マナーや食習慣を育てる上では、みんな一律ではなく、各自が楽しくおいしく食べることが基本です。家庭とも連携し、楽しくおいしい食事であれば、いずれマナーも食習慣も身につき、みんなで食べるよさもわかるはずです。

自由あそび

存分にあそべるよう時間と安心・安全な環境を確保し、思い切りあそべるあそび環境を用意します。配慮の必要な子には、その子の関心やできることからあそびを工夫しましょう。ほかの子とも一緒にできるあそびならベターです。保育者もあそび、その子のあそびにほかの子を呼んだり、ほかの子のあそびに誘ったりして、子ども同士のかかわりやあそびを期待します。

朝の仕度

集会

登園や朝の仕度の時間は、子どもとの貴重な対話や観察の機会。次のあそびや集会の活動につながっていきます。集会については参加できない子がいないよう、関心の持てる内容とどの子も参加できるやり方であるよう留意します。どの子も参加し、満足につながる集会にしましょう。

様々な子どもたちのいる保育の場をどう見直すか②

子どもの理解を協同して深める

インクルーシブな保育への過程では、保育のやりがいや妙味も増す一方、保育者同士の意見の食い違い、迷いや苦労が生じることがあります。乗り越えるための対処法を挙げます。

第一に、子どもへの理解を協同して進めること。保育を見直し続ける際の何よりの基盤は、子どもたちを理解する精度の向上です。それには個々の子の思い・子どもたちの関係、環境との関係を「見る目」「聞く耳」「キャッチする力」を高めること。協同して、これらを高めていきます。

気づいたことを細かに伝え合う、メモ・連絡ノートを見せ合う、写真・動画で共有するなど。子どもたちに関する互いの理解が深まり、会議などでそれを基盤に話し合うことで必ずよい具体策は出ます。その子のしたいこと、苦手なことがさらにわかります。交友関係はクラス活動に役だち、あそびのアイデアも生まれます。子ども理解を保育者たちの協同で多面的に掘り下げ、子どもたちの実態により即した理解にする、これが保育を見直し続ける際の基盤になります。

子どもも保育者も肯定することから

第二の点は、互いに「肯定的」に、です。子ども理解の精度が上がっても、保育がうまく進むとは限りません。まずはよいと思える保育に挑戦しましょう。とにかく実践です。その成功の秘訣は、子どもが実際にしていること、やれることと、よい点など「肯定的」な面を広げ、強めることです。そこでさらに重要になるのが、ともに取り組む同僚保育者との肯定的で協力的な関係です。日常的に互いの少しの努力も認め合い、「肯定的」に声をかけましょう。

どの子も自分が肯定的に受けとめられていることがわかると、不思議とさらに肯定的な姿を見せてくれたりします。保育者の場合も、互いの前向きな姿勢・肯定的なよい点が意識されると、チームワークが向上し、会議や話し合いも建設的になります。

保育を子どもたちのニーズに合わせたものに変革し続ける上で、子どもに対する理解の精度を上げ、子どもへの肯定と同僚との肯定的な関係を基本にすえればチーム力は増し、子どもとともに歩む保育に近づけられるはずです。

インクルーシブ保育から見た活動のポイント

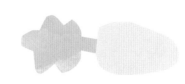

園外保育

細心の注意を払った計画を練り、安心・安全を確保した上で、園外ならではのわくわくする活動に挑戦もしてみましょう。それには、日頃からヒヤリハットを起こさない保育を目指し、保育者間で連携・調整することが重要です。場や活動が変わるだけで、子どもたちのこれまでにない姿や新たな友だち関係が見られたりします。家庭とさらに連携を深める好機でもあります。

クラス活動

誰もが落ち着けて活躍できるクラスを目指し、その子らしく取り組める活動・場面、友だち関係に留意します。保育者はどの子のことばにも耳を傾け、信頼関係を築きましょう。子どもたち発案の活動や、誰もが活躍できるクラス活動も実現するはず。中には、一斉の活動では困る、苦しむ子もいます。いつも「みんな一緒」にとらわれず、それぞれが輝いて取り組める活動を考えましょう。

運動会
発表会

集団行動の「縛り」が強くなりがちなこれらの行事。個々の持ち味が発揮される行事にする必要があります。クラスにいる気に留めたい「その子」も含め全員が意欲的に参加できるやり方はないか、話し合いましょう。保育を高め、また保護者とも連携するよい機会になるはずです。

保育者同士で協働する

今、どのクラスにも配慮の必要な子がいます。そのため、多様性に応える保育づくりには保育者間の協力と連携が必須。そしてこれは園全体の体制にも関係します。なぜなら、多様な、どの子の思いにも添おうとする保育は、ひとつのクラスに留まらず、園全体の保育姿勢に直結するからです。

ひとりの子の保育から協働する保育を生む

各クラスから、「配慮を工夫すればもっとよく取り組めそうな子」を出してみる方法があります。日頃、ことばかけや目が届きにくく、できればもう少し配慮したい子なども含めます。その子たちも参加する、できることを前提に、日常の保育や行事をどうすれば改善できるか保育者全員で考えてみましょう。保育で協働するための取り組みです。少しでも改善策が出たら実際に試し、その経過や結果も話題にしましょう。

この協働作業をする上で必要なこと、それは①子ども全員によりよい保育をつくろうという保育者の意欲、②子どもの見たて・日常の様子を含めた子ども観の積極的な交換、③保育のアイデア力や柔軟性、④互いの見方や意見を率直に出し合える同僚性、⑤人の意見も加えて推進する協働性。そして、⑥保育が変わる手応え感です。

実際にやってみて協働はできていく

しかしここで強調したいのは、実行する過程で協働ができていく点です。話し合い、実践する「過程」があって協働が成立します。はじめはあるクラスからでも、ひとりの子からでもよく、ただよりよい保育へと率直に話し合い、保育方法、かかわり、環境を柔軟に変えていく過程で協働的になるのです。「協働とは?」「連携とは?」と考え込まず、「次の保育」に向けて率直に話し、まずは実践してみましょう。振り返れば協働と連携の道のりが見えるはずです。

多様な子どもたちに応える保育。それは保育者がきちんと意見や力を出し合い、子どもたちが満足し、その結果、保育者も手応えを感じられる過程を経てできていきます。この長丁場の過程を支える鍵は、保育が「面白く」、子どもとの日々が「うれしい」こと。直に感じる保育者の「実感」がその推進力になるはずです。

チームで進める保育をつくる

保育観の共有は難しい？

保育者の保育観が違っても連携を進める方策は最低でも２つ。まず全体の保育目標では全員が一致すること。主体的なあそびを大切にする、一人ひとりの個性を尊重する、といった園の大きな目標では、保育者全体が一致せねばなりません。これはできるはず。この共通部からはじめます。次に、細かな子どもの具体的事実から共通理解を広げること。連携の一歩は共通部から、です。価値観や感覚の違いもあって当然です。多様性の保育では、保育者も多様なはず。互いの違いはあってよいと、全員で確認しましょう。話し合い、妥結点を探り、持ち味を生かして分担するなどやってみましょう。

一致させるべきことから職種を超えた連携をつくる

新年度のスタートは、全園・全職種で連携を深める好機。新入園児、要配慮児などには連携の真剣度が試されます。職種・勤務時間の違いを超え、園として連携体制を整えます。ここでの成果と課題が、次への連携の財産になります。要支援児、医療的ケア児、新入園の外国につながる子においては、保育者以外の関係者・保護者との連携も必須。まず情報の共有、次に意識の共有。キーパーソンを中心に、情報交換と話し合いをいとわずに行いましょう。

子どもたちから「その子」を知る

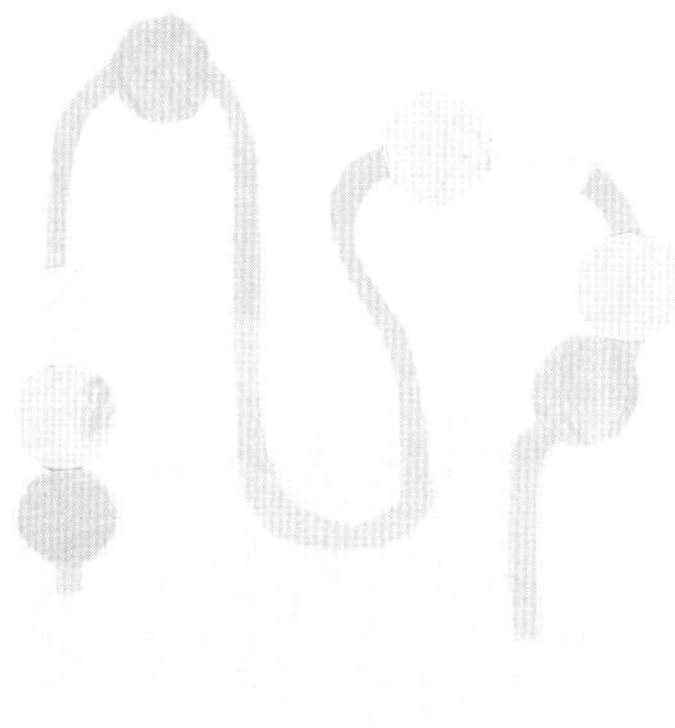

チームで進める保育は子どもについての情報共有からはじまります。保護者や関係者との共有もチーム保育の鍵。もうひとつは、子どもたちとの共有です。子ども同士がよい関係性を築いている保育では、その子の思いをほかの子どもたちが細やかに理解していたりします。子どもたちの声は「その子の真意」を知る大切な情報源なのです。

専門機関や自治体、地域とつながる

インクルーシブな保育は、園での保育のあり方を問題にし、あそびや園生活、子どもの関係をどうするかを考えます。ほかの専門機関などとの連携も、保育に関係する範囲が原則。連携の基準はあくまで保育への寄与が基点です。

お互いのノウハウを生かし対等な関係で支え合う

特にかかわる連携先には、療育機関である児童発達支援センターや児童発達支援事業所、また虐待や貧困、外国につながる子に関する市区町村の部署や機関があります。療育機関は、相談支援や実際の療育、また訪問・巡回相談も行っています。以下、連携の際に気をつけるとよい点を挙げます。

連携は対等な関係で、が基本。保育施設は保育の専門機関です。ほかの専門機関との関係も基本的には対等。ただし視点や対応のノウハウは違うので、互いに補い合い、子どもたちの育ちを支える関係が望まれます。この関係も確認し、互いに子どもの情報やノウハウを生かしたいものです。

例えば、あるケースでは、園が児童発達支援事業所に通うADHDの子の療育経過を保護者から伝えてもらったとのこと。園からも保護者の了解のもと、園で落ち着いて過ごせる場面や状況を事業所に伝えました。すると連携がよい方向に進んだ、というようにです。

療育機関の巡回相談では、保育目標を理解の上でなるべく定期的に保育場面を見てもらいましょう。事後に、園の話し合いに参加してもらえば園内研修の機会に。所見は、保育に生かせるかどうかから判断してよいと思います。療育と保育とでは目的や環境も、子どもの様子も違います。互いの理解を補い合う必要があります。

虐待や貧困のケースの場合、家庭支援や地域福祉を担う市区町村の部署や関係機関との連携が必要になり、外国につながる子の場合も関係部署、通訳の団体などとの連携がいります。園では窓口を分担し、必要な場合には即時対応できるよう、地域協議会の場や関係者とのつながりを活用し、連絡と関係を密にしましょう。対応の遅れや判断ミスが、取り返しのつかない誤解や事故を引き起こす場合もあります。必要な場合は躊躇なく話し合いと判断のできる体制をつくりましょう。

保育施設が連携する先は、子育て支援、医療・看護、地域福祉、教育機関、民間の事業所など増加しています。連携に気を取られ、肝心の保育の質が低下しないよう園内調整もさらに必要になります。

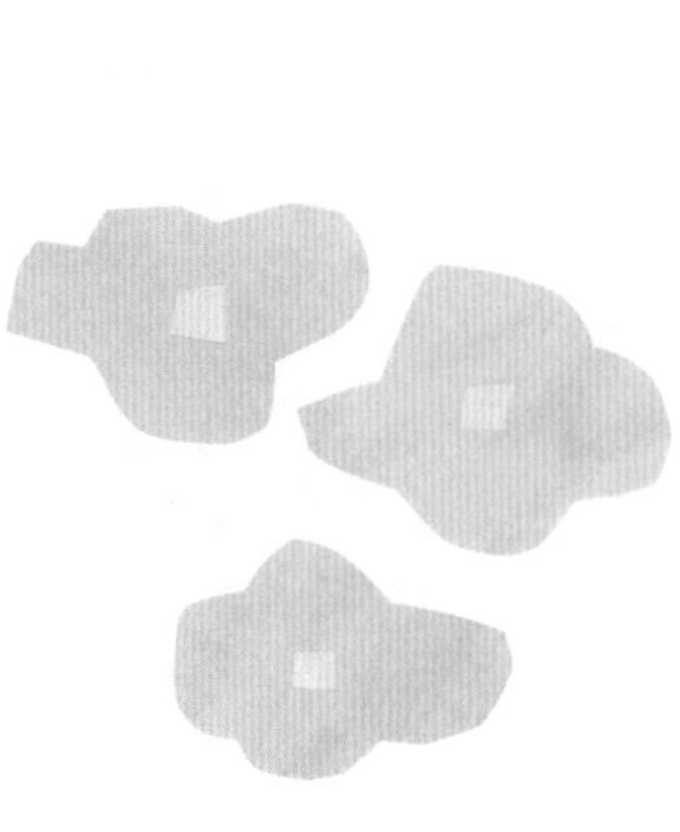

連携で気をつけたい点とは

虐待が疑われる子がいたら

虐待が確認されれば通告の義務が発生し、保育の話ではなくなります。確証がない段階では、市区町村の関係部署とも緊密に連携し、子どもと家庭状況を見守ります。子どもについては園で健やかに過ごせるよう配慮することに。

障害が疑われる子がいたら

発達支援の受けられる専門機関に行った方が、と思うかもしれませんが、インクルーシブな保育に必ずしも診断が必要なわけではありません。保育の視点から、子どもたちの「様子」「かかわり」を的確に把握できればだいたい十分です。

家庭環境が変化した子には

親の離婚・再婚、家族の病気・入院など家庭環境が変化した場合には、プライバシーに留意しつつ保護者から話を聞き、地域の児童委員、ケースワーカーなどと協力して、子どもへの影響が最小になるよう保育への配慮をしましょう。

外国につながる子がいたら

市区町村の担当課で相談、通訳などが受けられるか確かめましょう。幼児の日本語教室や異文化交流団体、同胞の集まりがある地域も。連絡事項などの通訳・翻訳支援は確保すべきです。親類や近所の方が頼りになることも。

保護者への支援と連携

配慮を必要としている子の保育やインクルーシブな保育では、保護者の理解と協力、そして連携は必須です。園での子どもの様子を家庭が受けとめ、落ち着いて登園できれば、園での子どもたちのかかわりもあそびも落ち着いたものとなるでしょう。ことばになった子どもの思いを、園に伝えてくれる保護者がいるおかげで、子どもの思いに添う保育もできます。また、もし家庭で気がふさぐことがあっても、園では気持ちを解放したあそびができれば、前向きな家庭生活への一助になるかもしれません。乳幼児期には特に、園の保育と家庭での養育とが食い違わないように、連携する意義は大きいのです。

家庭状況の把握とこまめなかかわりが要に

連携における留意点をいくつか挙げます。まず、①保護者・家庭の状況の把握です。そして②日頃のコミュニケーション。さらに③サポート姿勢と園内体制です。

①ではその子の家庭での様子、保護者の養育姿勢と家庭状況を知っておくこと。日頃の連絡・やり取り、面談、家庭訪問で正確な状況を把握しアップデートしましょう。行き違いは、保護者の思いや家庭での様子の把握の不足から生まれ、②のコミュニケーションの不全に直結します。連携においては互いの意思疎通が基盤。何気ない普段の会話が人間関係の入り口です。また、行事などの催しも、保護者と共感し距離を縮める機会に。家庭訪問なども、保護者の思いがよくわかるようになります。これらが下地となり、面談での深い話もできるのです。

保護者の期待や要望、意見は確実に受けとめ、応えましょう。一方、園では考えや対応を届けるための園内体制が必要です。園内で情報をどう共有し、判断して、具体的な対応をどうするか、手順を確認して着実に進めましょう。

③の園内体制と保護者との連携ができていれば、支援が必要な保護者や家庭の状況にもすぐ気づけます。保護者からの園への求めも早くなり、手遅れになることを防げます。

保育施設は地域の有力な社会資源です。社会の種々の場で活躍する保護者たちもいますので、地域の取り組み（町おこし、居場所づくり、地域イベント）に保護者や関係者とともに保育施設も参加・貢献できれば、地域の多様な人々との発展的かかわりが生まれる余地が十分あります。

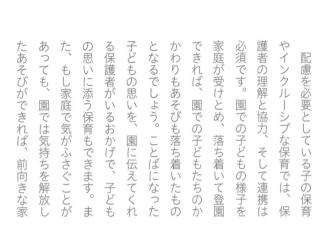

保護者との連携を進めるには

孤立しがちな保護者がいたら

今、「孤育て」家庭は多く、さらに障害などが加わり支援を要する重い例も。これに保育ができる最大の貢献は、子どもたち同士の関係を育めるということ。子どもたち同士の関係が園でできればその子は「孤育ち」にはなりません。

外国につながる子の保護者と連携する

これからは特に、他国の文化に触れる意義は大きいもの。協力が得られれば連携も兼ね、その国の料理教室、ことばや風習の講座など、外国の文化を肌で知る機会を園としてつくりたいものです。保護者が交流し、活路が生まれることもありえます。

医療的ケア児の保護者の思いを汲む

子どもの病気は「わかる」と思いがち。しかし医療的ケアを必要とする子の病気は想像以上に重症だったということ。直に聞かないと病状も保護者の思いも正確にはわかりません。ほかの子と一緒の活動に対する望みも強そうです。まず、きちんと話を聞きましょう。

子育てで支え合った保護者たちの強さ

乳幼児期の子育てに、現実の苦労は多大です。しかし、子育ての苦労をともにした保護者の結束が乳幼児期を越え、就学後やその後も、人生のよき仲間として関係が継続する例が報告されています。援け合った乳幼児期の支え合いは強いのです。

養育力は、子育ての喜びから？

子育ての苦労もいとわない保護者になってもらうには、その子のうれしい姿、かわいい面、健やかなかかわり、成長の面白さなどその子の素敵な面をきちんと伝えること。それらを見出す保育者の眼力とことばが保護者の子育ての喜びを生み出します。

就学先との連携

乳幼児期の園と就学する小学校では、様子・環境も違い、また制度も異なります。そのため就学が、保護者と子どもの目には高いハードルに映る実情があります。一方、就学への過程にある当事者を積極的に支援する仕組み、機関や人同士をつなぐ仕組みはありません。子どもと保護者が悩まずに、納得のいく就学を迎えるには課題が残る現状があり、保育施設が担う役割に期待が寄せられています。

情報共有や相談に努め 保護者を支援して

園のできる就学への支援では、まず教育委員会に問い合わせ就学に関する地域の情報（就学相談会や就学時健診など）を家庭に伝えます。各小学校の就学相談担当者と連絡をとり、健診や学級の情報などを収集、保幼小の会合などに参加し情報交換をします。園内での子どもの姿、有効だった支援・対応、その子に必要な配慮、保育経過などをまとめておきます。そして、保護者や子どもと面談して、就学への考えを聞きます。また保護者には、できるだけ学校・学級を実際に見学して、考えや希望を学校に伝えるように勧め、園としてできる支援は行うことを伝えましょう。加えて経過を聞き、精神的なバックアップをします。最終的に子どもと保護者が十分に納得のいく就学になるよう可能な限り相談や支援に努めましょう。

就学先について

就学では、多くの子どもは学区の公立小学校に入学します。小学校には、一般の学級のほかに、障害のある子たちが通う特別支援学級、また時々別の教室に通って言語、発達障害、弱視、難聴などへの特別指導を受ける通級指導教室も学校によってはあります。小学校以外に、障害のある子どもが通う特別支援学校もあります。外国につながる子は、日本語の教室がある学校に通う場合もあります。各学校の保健室には養護教諭がいて、配慮が必要な子などへの対応も行います。学校によって、スクールカウンセラー、ソーシャルワーカー、看護師を置くこともありますが、まだ少ないようです。特別支援教育コーディネーターの教諭はほぼ全学校にいるようです。

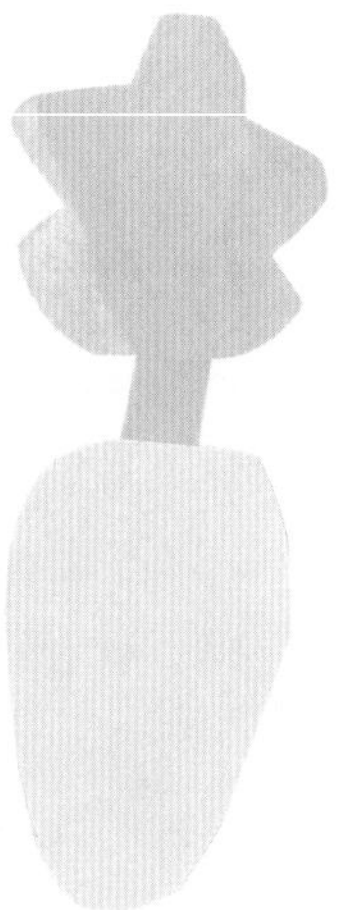

障害のある子・特別な支援が必要な子の就学先

公立小学校

一般の学級

集団で一斉授業を受ける形が多い。個別に配慮が必要な場合、合理的配慮が受けられ、自治体によっては支援員がクラスに入ることも。

通級指導教室

普段は一般の学級で授業を受け、週に1度など、校内の別室や他校で、個別や小集団の指導を受ける形態。発達障害や弱視、難聴、吃音のある子などが対象。近年、対象児童が急増し、専門性のある教師不足が全国的な問題に。

特別支援学級

障害のある子、特別な支援が必要な子向けの学級。1学級定員8人を教員ひとりが担任し、子どもたちに応じたカリキュラムで教育する。一般の学級の授業に参加する交流活動も多いが、分離しての教育との評も。

特別支援学校

知的、視覚、聴覚の各障害、肢体不自由、病弱の子どもを対象とする学校。幼稚部、小学部、中学部、高等部などがあり、複数担任で教育が行われる。地域の特別支援教育のセンターとしての役割も担う。

私立小学校

学校によって実際の支援には幅がある。公立より一貫性・継続性は高いとの評も。公立と同じ公的な特別支援教育を受けることはできない。

フリースクール

不登校の子どもが、学籍は小学校などにありながら、実際上通う民間の教育施設。一人ひとりに合わせた学習ペース、過ごし方を選べる。公的な施設で同じ役割を担うのが、教育支援センター。

これからの社会のインクルーシブな保育

——上質な保育への扉

「少子高齢化社会」にある日本。子どもたちは社会の大事な宝です。子どもたちを育む「保育」は今後ますます重要に、社会のあり方も変わらざるをえません。これからの日本社会が、大切な子ども一人ひとりの育ちを、全力で支えるものであってほしいと願います。

では、そのとき求められる保育の姿はどのようなものでしょう。大切な子ども一人ひとりが、その子らしくよりよく育つための保育のあり方です。

本書で示した多様な子どもたちを取り残すことなく、日々の充実へと導く保育——インクルーシブな保育がそのひとつの答えではないでしょうか。「ひとりくらいできなくてもいい」保育は通用せず、「みんな同じ」で大丈夫、という保育

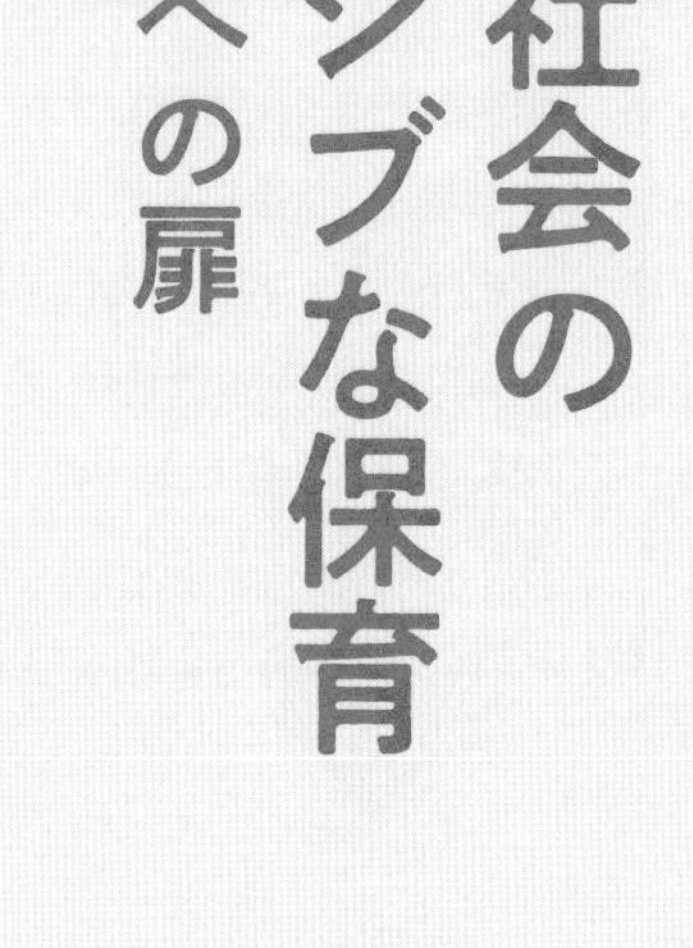

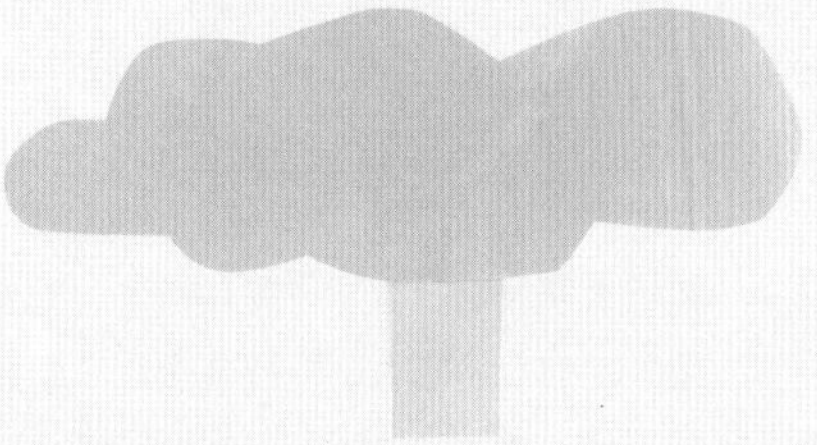

ではもう無理です。違いのある「一人ひとりをきちんと尊重」し、どの子の育つ力も後押しできる、「それぞれを育み合う」保育が求められるはずです。

インクルーシブな保育は、子ども一人ひとりへの丹念な理解の上に立ち、保育ならではの柔らかな見守り、子ども間の育ち合いを通して、全員にそれぞれの十全な育ちを願います。保育者の総力を全員の子どもたちに向けようと努めます。違いのある保育者それぞれの感性も生かし、多様な力を束ねます。それぞれが感性を発揮し、子どもたちの感性を育てます。

こんなインクルーシブな保育の中に、これからの時代に求められる上質な保育の姿があるのではないでしょうか。今後の社会の基盤ともなる、違いある人と人の力の発揮を乳幼児期からつむぎ、生み出す保育です。今後目指したい保育の上質化のひとつの形が、このインクルーシブな保育だと思えます。

読者の方々、保育者の方々の意欲と感性、保育力で、これからの社会と子ども自身が求める上質な保育への扉を開けていただければ幸いです。

２０２４年2月　太田俊己

監修

太田俊己 おおた・としき

放送大学客員教授。神奈川県生まれ。筑波大学大学院教育研究科修了。千葉大、植草学園大、関東学院大を経て現職。インクルーシブ保育の推進に力を注ぐ。著書に『気になる子、障がいのある子、すべての子が輝くインクルーシブ保育』(学研プラス)、『イラストでわかる はじめてのインクルーシブ保育――保育場面で考える50のアイデア』(合同出版)など。

取材協力

愛隣幼稚園(千葉県)
足立区立鹿浜こども園(東京都)
植草学園大学附属美浜幼稚園(千葉県)
葛飾こどもの園幼稚園(東京都)
関東学院六浦こども園(神奈川県)
岐阜県多治見市
相模女子大学幼稚部(神奈川県)
桜本保育園(神奈川県)
自然育児 森のわらべ多治見園(岐阜県)
にじのうた保育園(京都府)
MORIWARA 大地組スクール(岐阜県)

アートディレクション&デザイン
川村哲司(atmosphere ltd.)
本文デザイン　浜中亜紀子　米谷洋志
イラスト　後藤美月
撮影　磯﨑威志(Focus & Graph Studio)
校正　株式会社 円水社
DTP作成　株式会社 明昌堂
編集協力　仲尾匡代
企画編集　源嶋さやか　遠山日夏

※本書は、『PriPri パレット』2021年春号～ 2024年2・3月号の内容を再編集したものが一部含まれています。

実践例で見るからわかりやすい！

今からはじめる！ インクルーシブ保育

発行日　2024年3月30日　初版第1刷発行

監修　太田俊己
発行者　大村 牧
発行　株式会社 世界文化ワンダーグループ
発行・発売　株式会社 世界文化社
〒102-8192
東京都千代田区九段北4-2-29
電話：03-3262-5474 (編集部)
電話：03-3262-5115 (販売部)
印刷・製本　TOPPAN 株式会社

ISBN978-4-418-24702-8